읽으면 기억되는 기적의 독서법

기억독서법

읽으면 기억되는 기적의 독서법

기억독서법

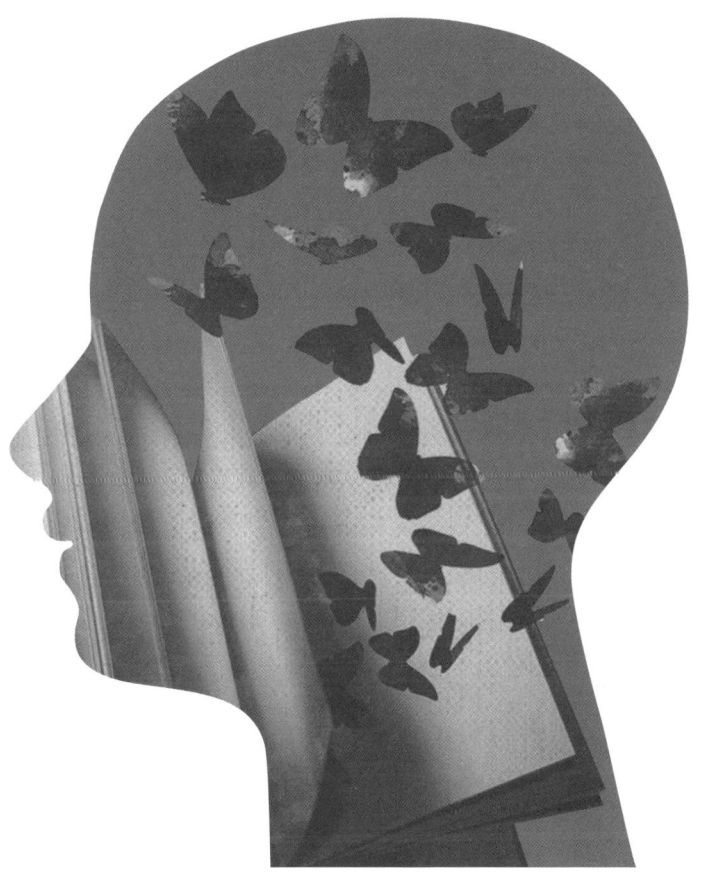

기성준 · 진가록 · 미라클독서모임 지음

차례

프롤로그 책을 읽었는데 아무것도 기억나지 않는다?! · 6

기억독서법 1 **마음의 서재**
마음의 서재에 책을 쌓아라! · 14
세계최고 리더들의 우선순위 독서 · 21
책 읽을 목표를 세우고, 인생의 목표를 세우자 · 28
독서를 하지 못하는 이유…? · 34
백 권, 천 권의 기준은 없었다 · 40
책을 읽고 아웃풋의 정성이 필요하다 · 45

기억독서법 2 **기억독서를 돕는 리딩트레이닝**
독서법의 정석! · 52
리딩을 돕는 마인드업 · 57
집중력을 강화시키는 Tool(집중력 강화Ⅰ) · 62
빨리 읽기에 대한 편견을 버려라! · 67
다양한 4차원 리딩트레이닝(집중력 강화Ⅱ) · 72

기억독서법 3 **기억독서법의 기술**
독서는 씨앗을 심는 것이다 · 78
인류 최고의 기억술의 비밀 · 83
매일 기억의 서재를 방문하라 · 88
책을 활용한 기억술 · 93
기억을 뒤돌아보는 글쓰기를 시작하라 · 99

기억독서법 4 **기억을 돕는 독서노트**
반복은 위대한 기억독서법 · 106
우리의 두뇌는 생각보다 훨씬 뛰어나다 · 119
삶으로 이어지는 필사독서법 · 128
뇌에 그리는 독서노트, 마인드맵 · 142
뇌를 알면 독서가 깊어진다 · 154

기억독서법 5 **독서토론을 통해서 기억을 나누어라**
독서토론은 나눔이다 · 164
함께하는 힘을 키우는 독서토론 · 172
독서토론은 서로를 성장시키는 힘 · 182
토론은 최고의 기억 공부법 · 190
꿈의 씨앗이 숲이 되는 독서모임 · 197
지금부터 나눔독서를 시작하라! · 209
독서를 통해 인생을 진두지휘하라 · 214

부록 **독서를 통해 변화된 미라클사람들 이야기**
에필로그 | 기성준 작가 · 233
에필로그 | 진가록 작가 · 238
참고문헌 · 241
리딩타임지 · 243

프롤로그

책을 읽었는데 아무것도 기억나지 않는다?!

'책을 읽었는데 아무것도 기억나지 않아요.'

첫 책을 출간하고 나서 도서관이나 여러 기관에 강연을 가면 책을 읽고 나서 기억에 관한 질문을 많이 한다. 책을 끝까지 읽고 덮었는데 거짓말처럼 아무것도 기억나지 않는 경험을 누구나 한 적이 있을 것이다. 오히려 책을 읽고 책의 내용이 100퍼센트 기억이 난다면 거짓말이다.

책을 읽는 독서가들은 기억을 하고 싶어 한다. 한 권의 책을 읽고 다른 사람들과 책에 대해서 나눌 수만 있다면 성공한 것이다.

독서를 하는 것도 단계가 있다. 독서를 입문하는 초급, 책을 읽어낼 수 있는 능력을 갖춘 중급, 한 권의 책을 읽기를 넘어 다른 사람들에게도 전하는 고급.

무술의 영역에서 고수들이 있듯이 독서의 영역에서도 고수들이 있다. 독서고수들의 특징은 자신이 책을 많이 읽는다는 것을 결코 자랑하지 않는다. 자신과 함께 성장하는 이들에게 책을 추천할 뿐이다. 자신이 읽은 책을 자랑하거나 남들에게 훈수를 두는 사람이라면 하수라고 할 수 있다. 독서고수 위에 기억독서가가 있다는 사실을 알았다.

기억과 독서는 매우 치밀한 연관성이 있다. 마이크로소프트사의 빌 게이츠는 기억독서가였다. 그는 책을 좋아하는 것으로 유명하다. 백과사전을 읽고 A부터 Z까지의 내용을 줄줄 외울 정도였다. 빌 게이츠가 가진 특별한 능력은 바로 '독서습관'이다.

기억이라는 것은 이미 아는 것과 새로 알게 되는 것을 연결하는 것이다. 지식의 기본이 있어야 기억할 수 있다. 기억을 돕게 하는 방법은 독서이다.

노벨상 수상자 로버트 아우만 교수는 "잘 기억하기 위해서는 이미 아는 것과 새로 알게 되는 지식의 연결이 중요하다고 생각한다. 독서를 해서 다양한 분야에 대한 지식을 갖추고 있어야 새로 정보를 받아들일 때 적절히 연결할 수 있다. 그렇게 하면 배우고 관찰하는 동안 지식이 뇌에 자동적으로 저장되면서 머릿속에서 저절로 연결을 짓게 되고, 이는 기억력 강화로 이어진다."라고 독서와 기억의 연관성을 강조했다. 기억독서가가 되기 위해서 마음 속 서재를 연상하여 책을 쌓아야 한다.

마음의 서재에 책을 채워라.

책을 얼마나 읽었는지에 따라 독서가의 수준이 달라진다. 독서를 하는 사람들 대부분 이런 경험을 한 적이 있을 것이다.

1. 성공하는 사람들의 습관 중 하나가 독서라는 사실을 알았다.
2. 책을 읽겠다는 다짐을 하는데, 어떤 책을 읽어야 할지 모르겠다.
3. 책을 읽었는데, 아무것도 기억나지 않는다.
4. 책에 있는 내용이 기억나지 않아 다른 사람들에게 말할 수가 없다.

   이 책에서는 책을 읽고 기억을 돕기 위해서 '마음의 서재'라는 개념을 제시한다. 독서에 입문하는 사람들이 제일 필요한 것이 축적된 독서량이다. 분명 축적된 독서는 강력한 위력을 발휘한다.
   미라클팩토리를 함께 운영하고 있는 안병조 이사의 경우 대학생 때 100권의 책을 읽기로 다짐하였다. 그렇게 50권을 넘게 읽었는데, 독서에 대한 감동이 전혀 없었다. SNS를 통해 공개적으로 말했기에 어쩔 수 없이 책을 읽었다. 그러던 어느 날 너무 바쁜 핑계로 서점에 들러 시집을 읽기로 작정하였다. 대충 한 권 채우기 목적으로 시집을 읽는데, 너무나 감동이 되었다고 한다. 이전에는 시집을 왜 읽는지, 왜 쓰는지를 몰랐던 그가 시집의 감동을 느꼈다. 그 감동 넘어 책 읽는 기쁨을 경험하게 된 것이다.

   책은 텍스트만 담긴 단순한 존재가 아니다. 누군가의 인생의 가치가 깊이 뿌리내려져 있는 존재이다. 어떤 이들은 책을 단순하게 글만 보고 아무런 변화를 못 느끼는 경우도 있지만, 또 다른 이들은 책을 통해 인생이 바뀌는 전환점을 만난다.

제대로 된 독서를 하기 위해서 마음의 서재에 10권의 책을 채워라. 10권의 책을 읽는 동안 독서습관을 잡고, 나와 맞는 책을 선택하는 기술을 익혀라. 10권을 읽는 동안에는 아무것도 기록하지 않아도 된다. 아무것도 기억하지 않아도 된다. 단순한 책 읽기를 시작하는 것이다.

기억을 돕는 독서법

기억독서가들은 책을 속독으로 읽는다. 그들은 엄청난 양의 독서를 하고 있으며, 그 책들을 기억하고 있다.

기억력은 타고난 능력이 아니다. 훈련되어서 만들어지는 것이다. 탁월한 실력을 가지기 위해서는 다독이 필요하다.

다독을 방해하는 요소 중에 하나가 '퇴행', 즉 눈은 다음 페이지로 넘어가는 데 뇌는 다시 회귀하는 것이다. 이것을 극복하기 위해서는 속독의 트레이닝이 필요하다.

속독은 양날의 검이다. 한 때 속독의 기술이 유행한 적이 있다. 너무 테크닉에만 치중하면 성장할 수 없다. 많은 양의 독서를 한다고 해도 그것을 가치 있게 사용하지 않으면 아무 소용이 없다. 나는 그 기술들이 조용히 사라진 이유를 나누지 않은 것으로 판단하고 있다.

이 책을 끝까지 읽기를 부탁한다. 기억을 돕는 독서법을 익히고 나눌 수 있는 기억독서가가 되길 바란다.

기억의 서재 기술

 독서는 2차원적인 활동이다. 종이에 있는 글자를 읽는 행위로 좌측의 뇌로 충분히 읽을 수 있다. 좌뇌는 언어적인 뇌로 언어구사능력이나 문자, 숫자, 기호의 이해, 조리에 맞는 사고 등 분석적이고 논리적인 임무를 담당한다.

 기억의 서재는 우뇌를 활성화시킨다. 우뇌는 좌뇌보다 기억용량이 1,000배나 된다. 독서력도 400배 상승시키는 능력을 가지고 있다.

 독서하는 사람들에게 기억독서는 선택의 문제가 아니다. 독서가들이 반드시 실천해야 할 것은 기억독서법이다. 이 책을 통해 마음 속 기억의 서재를 하나씩 가지길 바란다. 자신이 읽은 책들을 기억의 서재에 하나씩 채워서 진정한 기억독서가가 되어야 한다.

기억을 돕는 독서노트

아기가 태어나서 걸을 때까지 약 3천 번을 넘어진다. 수없이 넘어져도 아기들은 걷는 것을 포기하고 눌러 앉지 않는다. 사람은 대부분 이러한 과정을 거치고 어른이 된다.

 생전처음 가본 곳을 단 한 번 만에 세세히 기억하는 사람이 있을까? 처음 가본 곳을 제대로 기억하지 못한다고 해서 우리는 그 사람을 바보라고 부르지 않는다. 그런데 왜 우리는 책을 한 번 읽고 이해하지 못한다고 자책하고 있는 것인가.

 한글을 만든 세종대왕도 책 한 권을 백 번씩 읽었다. 약 500권의 저작을 남긴 다산 정약용 선생은 복숭아뼈에 구멍이 나도록 앉아서 책을 읽었다.

쉽게 얻은 것은 쉽게 사라지지만, 어렵게 얻은 것은 진짜 당신의 것이 된다. 반복하자. 그리고 필사하자. 오감을 자극해서 기억에 남겨보자. 우리의 뇌는 쓰면 쓸수록 더욱 발달된다.

독서토론을 통해서 기억을 나누어라

아직 우리나라에서 독서토론은 그 가치를 제대로 인정받지 못하고 있다. 오죽하면 학생들을 조용히 시킬 수 있는 말이 '얘들아, 토론해 보자'일까. 그렇지만 아는 것을 표현할 수 없으면 제대로 아는 것이 아니다.

질문하지 못하는 공부는 진정한 공부가 아니다. 사람들은 누구나 자신만의 생각이 있으며, 생각은 함께 나눌 때에 더 가치를 발휘한다. 나 혼자 책을 읽으면 하나를 배우지만, 열 명이 함께 읽으면 열 가지를 배운다. 아니 서로의 생각이 섞이고, 부딪히며 백배의 가치를 낳을 수도 있다. 책을 나누고, 생각을 나누고, 삶을 나누자. 나눌수록 풍성해진다. 독서토론은 기억독서를 넘어서 당신을 꿈으로 이끌어주는 나침반이 되어줄 것이다.

이 책은 자신의 기억력 때문에 스트레스를 받는 독서가를 위한 책이다. 금방 읽은 책도 기억나지 않는 자신을 보며 스트레스를 받는 사람들을 위한 책이다.

기억독서법을 집필하면서 기억에 관한 자료를 조사하면서 가장 큰 깨달음은 '기억은 테크닉'이라는 것이다. 선천적인 능력이 아니라는 것이다.

지금은 검색의 시대이다. 필요한 정보는 네이버나 구글에서 검색할 수 있다. 책을 읽고서 기억나지 않더라도 검색 한 번으로 책의 내용을 쉽게 알 수 있다. 굳이 기억력이 뛰어나게 필요한 시대가 아니다. 기억력은 기억의 기술을 어떻게 활용하는 것이 중요하다. 기억독서가는 탁월한 기억력을 가진 사람이 아니라 기억의 기술을 탁월하게 활용하는 사람이다.

이 책에서 소개하는 기억의 특별한 기술들이 독자들의 기억을 돕는 기술이 되길 기대한다. 특별히 이 책을 읽는 독자들 모두가 마음속 서재를 하나씩 가지고, 탁월한 기억독서가가 되길 기대해 본다.

기억독서법

1

마음의 서재

Reading

마음의 서재에 책을 쌓아라!

"책을 다 읽고 덮었는데 아무것도 기억나지 않아요. 너무 허무해서 책을 읽지 않습니다."

전국 도서관과 여러 기관에 강연을 초청 받아 방문하면 초등학생부터 청소년, 대학생, 학부모, 직장인, 군인, 은퇴하신 분 등 다양한 나이대의 사람들이 모여 있다. 독서에 내해 그만큼 궁금한 사람들이 많다는 증거다.

첫 책을 출간하고 독서법에 대한 강연 요청으로 많은 강연을 하였다. 하지만, 정작 대한민국의 독서량은 높아지지 않는 현실을 생각하며 한때 심각하게 고민을 한 적이 있다. 한 달 평균 독서량이 미국인과 일본인의 경우 6권, 중국인은 3권에 비해 한국인들은 0.8권 정도로 1권도 되지 않는다. 강연을 통해 만난 사람들과 또 독서모임을 운영하면서 만난 사람들과 대화를 하면서 대한민국의 사람들이 무의식적으로 글을 읽는 것에 상당한 스트레스를 받고 있었다. 스트레스의 근원은 대한민국 '교육'이다. 미국 오바마 대통령도 부러워한 대한민국 교육이 글을 보는 것에 상당한 스트레스를 가지게 하는 원인이 되고 있다.

어릴 적부터 엄청난 공부량, 그러나 한국인들의 독서량은 고작 0.8권
　　　　　　　　　　　　한국인들의 독서량이 0.8권이지만, 초등학교 시절부터 국어시간에 지문 읽기와 수능을 위한 모의고사 국어지문 읽기로 엄청난 양의 글을 읽는다. 심지어 모의고사에 나오는 영어시험을 외국인들에게 보여주었는데 외국인들도 풀지 못하고 있었다. 이러한 교육의 결과는 초·중·고등학생들의 창의력을 죽이게 되었다. 이후로 대학을 가면 마치 공부에서 해방된 것처럼 텍스트를 읽는 것을 던져버리는 것이다.
　독서는 스트레스를 받는 행위가 아니다. 독서는 오히려 스트레스를 해소시키는 것이다. 영국 서섹스대학교 인지심경심리학과 데이비드 루이스 박사팀은 독서, 산책, 음악 감상, 비디오 게임 등 각종 스트레스 해소 방법들이 스트레스를 얼마나 줄여 주는지를 측정했다. 그 결과, 스트레스 해소법 1위는 바로 '독서'였다. 6분가량의 독서 후 스트레스가 68% 감소됐고, 심박수가 낮아지며 근육 긴장이 풀어지는 것이 확인됐다. 다른 방법들도 효과는 있었으나 스트레스 해소법 1위에 오른 독서에는 미치지 못했다. 음악 감상은 61%, 커피 마시기는 54%, 산책은 42%의 스트레스를 줄이는 것으로 나타났다. 비디오 게임의 경우 스트레스를 21% 줄였지만, 심박수는 오히려 높았다. 많은 사람들이 스트레스를 해소하고자 게임하는 것을 선택하지만, 오히려 게임 때문에 스트레스를 받는다.

세상엔 책보다 재미있는 것이 많다

책보다 재미있는 것이 많다. TV채널의 수는 엄청나다. 시청률 전쟁에서 이기기 위해 온갖 흥미로운 것들과 자극적인 소재들을 내보내고 있다. 분명 과거에는 TV없이 살던 시절이 있었지만, 지금은 TV 없이 살 수 있을까 라는 생각이 들 정도다. 미디어는 TV만이 아니라 스마트폰으로도 이어진다. 운전 중 스마트폰 사용으로 신호 대기 출발이 늦어지는 것은 기본이고, 스마트폰으로 인한 교통사고율도 높아지고 있다. 스마트폰을 잠시 보고 있으면 시간은 금방 지나가는데, 책을 보는 시간은 어찌나 가지 않는지 모르겠다. 필자도 스마트폰에 중독이 되어서 독서도 안 되고, 글도 안 써지는 경우가 있었다. 글을 쓰는 작가이자, 전국에 독서의 필요성을 알리는 강사인데도 스마트폰의 중독은 피할 수가 없었다.

미디어 시대에 우선 하루의 시간을 먼저 점검해 보자. 모든 사람들에게 허락되는 시간, 하루의 시간은 24시간이다. 하루 동안 무엇을 하는 데에 시간을 쓰고 있는가. 굳이 하지 않아도 될 일에 얼마만큼 소비되고 있는가. 시간을 계산해 보면, 24시간 중에서 잠자는 시간을 평균 8시간이라고 가정하면 깨어있는 시간은 16시간이다. 1년

365일 동안 깨어있는 시간을 계산하면 5,840시간, 대략 6,000시간 이다. 서른 살 전후의 사람이 평균 나이인 80세까지 산다고 하면 50년의 시간이 남았다. 1년 6천 시간이 50년이 되면 30만 시간이 된다. 30만 시간동안 우리는 무슨 일에 투자하고, 무슨 일을 해야 하는 지 점검할 필요가 있다.

독서는 의지가 필요하다

《책을 읽는 사람만이 손에 넣는 것》을 집필한 저자 후지하라 가즈히로는 살아가는 동안 접해야 할 네 가지 분야를 소개한다. 하나의 축은 개인적인 체험과 조직적인 체험이고, 또 하나의 축은 미디어를 통한 체험과 사실적인 체험으로 나눈다. 이 네 가지 분야는 사람들이 체험하는 인풋에 해당되는 것으로 독서는 개인적인 체험과 미디어를 통한 체험의 축에 해당된다.

미디어의 경우 수동적인 인풋으로 의지가 없어도 충분히 볼 수 있다. 요즘 식당에 가서 부모들이 유아들에게 스마트폰을 주면 아이들이 알아서 손가락으로 터치하며 유튜브를 보는 장면을 쉽게 볼 수 있다. 미디어를 보는 방법 역시도 쉽게 습득이 가능하다. 오히려 미디어를 보지 않는 것이나 미디어를 끊는 것이 더 힘들다. 아이들이 스마트폰을 보고 있을 때 스마트폰을 뺏으면 화를 내거나 우는 모습을 보면 쉽게 알 수 있다.

반면에 독서의 경우는 능동적인 인풋으로 수동적인 인풋보다 더 큰 의지가 필요하다. 스마트폰은 아무런 의지 없이 보고만 있어도 시간은 저절로 흘러간다. 반면에 책은 보고자 하는 의지가 있어야 한다. 별다른 집중력 없이도 미디어를 볼 수 있지만, 책의 경우는 다르다. 조금만 집중을 안 하더라도 책을 넘길 수가 없다. 미디어 시대를 살아가고 있는 사람들에게 책을 강압적으로 읽히는 것보다 고문은 없다. 친구나 동료 등 주변 사람에게도, 자녀에게도 마찬가지이다.

책 읽기를 강요해서는 안 된다

책을 안 읽는 사람들에게 책 읽기를 강요하면 안 된다. 필자가 운영하고 있는 미라클팩토리 코칭센터에서는 독서모임을 7년째 운영하고 있다. 이곳에는 독서모임이 지속적으로 열린다. 한 주에 6번 정도 열리는 경우도 있다. 대한민국 평균 독서량은 훨씬 뛰어넘는 사람들이 센터를 방문한다. 이곳에는 미라클팩토리만 운영되는 곳이 아니라 커피사업팀과 복지사업팀이 함께하고 있다. 그런데 미라클멤버들과 함께하고 있는 다른 팀은 전혀 책을 읽지 않는다. 책은 냄비 받침대로 쓰고 있을 정도다. 특별히 그들에게 책 읽기를 강조하지는 않는다.

작가로 활동하기 전 3명의 후배들과 원룸에서 살았던 시절이 있다. 책을 집필하고 있을 때라 하루에 2권 이상의 책을 읽었다. 10권 이상까지 읽었던 적도 있었다. 자취를 하는 시절에도 함께 생활하는 후배들은 전혀 책을 읽지 않았다. 그들에게 한 번도 책을 읽으라고 말한 적이 없다. 결혼을 해서 함께 살고 있는 아내도 책을 읽지 않았다. 미라클팩토리를 함께 운영하고 있는 안병조 이사나 진가록 이사도 책을 그렇게 많이 읽지는 않았다.

하루에도 10권 이상 책을 읽은 경험이 있고, 독서법 강사로 전국을 다니지만 책을 읽지 않는 사람들을 보며 전혀 답답하지 않았다. 필자와 함께하고 있는 이들 중 대다수가 시간이 지나면 책을 읽기 때문이다. 책을 읽는 재미를 못 느끼고 방법을 몰라서 그렇지, 재미를 느끼고 방법을 알게 되면 책을 읽지 말라고 해도 읽는 시점이 오게 된다.

> "작가는 우물과 비슷해요. 우물이 마르도록 물을 다 퍼내고 다시 차기를 기다리는 것보다 규칙적인 양을 퍼내는 게 낫습니다."
>
> 어니스트 헤밍웨이

어니스트 헤밍웨이의 말을 빌려 독서는 우물에서 규칙적인 양을 퍼내는 행위라고 표현하고 싶다. 한 번에 몰아서 책을 읽는 것보다 꾸준하게 책을 읽는 것이 더 효과적이다.

책 읽기를 간절히 원하는 시기가 반드시 찾아온다

미라클팩토리를 함께 운영하고 있는 안병조 이사의 경우 3년간 1,000권의 책을 읽기로 선포하였다. 2년째 600권의 책을 읽고 있는데, 그렇게 책을 많이 읽지는 못했다. 매일 꾸준히 읽는데 도저히 읽히지가 않더라는 것이다. 80권 째 우연히 읽던 책이 가슴 속으로 빨려 들어오는 느낌이 들었다. 이전까지 시집은 왜 읽는지, 심지어 왜 쓰는지도 이해가 되지 않았다.

필자와 함께 자취를 했던 동생도 함께하던 시절에는 책을 전혀 읽지 않았다. 그러다 여자 친구와 헤어지고 나서 책을 통해 우울증을 극복하였다. 우울증 극복을 넘어 100권의 책을 읽기를 달성하였다. 해외에 워킹홀리데이를 떠났는데, 일을 하면서도 책을 읽고 있다.

책을 읽는 것은 분명 개인의 행동이지만, 그 모습을 타인들이 보기 시작한다. 당장은 책을 읽지 않지만, 삶의 전환점을 맞이하거나 슬럼프를 맞이하면서 자연스럽게 책을 찾게 된다. 그들이 독서하는 시기가 되면 분명히 책을 많이 읽는 사람을 찾는다. 자신이 독서를 하고 있다는 것은 주변 사람들이 독서할 시기가 올 것이다.

그들에게 첫 번째로 이야기하는 것이 기계적인 독서이다. 마음의 서재에 지속적으로 책을 채우는 것이다. 책의 내용을 이해하지 못해도, 기억하지 못해도 상관없다. 아무런 감정 없이 일하는 기계처럼 반복적으로 책을 읽는 것이다. 기계적인 독서로 마음의 서재에 책을 쌓다보면 책이 이해가 되는 시점이 온다. 책을 읽고 책 속의 감동이 밀려오는 시점이 반드시 찾아온다.

독서의 임계점을 넘어서면 책의 감동이 느껴지는 동시에 책을 집필한 저자의 숨결을 느낄 수가 있다. 마치 저자와 함께하는 것과 같다. 심지어 저자를 만나고 싶은 욕구가 생기는 경우도 있다.

세계최고 리더들의 우선순위 독서

"백악관 생활에서 생존하게 한 힘은 바로 독서, 매일 잠들기 전 한 시간씩 영감과 아이디어를 얻기 위해 책을 읽었다."

미국 44대 대통령 버락 오바마는 퇴임을 하면서 인터뷰를 통해 "8년간의 재임 기간 동안 힘이 되어준 건 다름 아닌 독서"라고 하였다. 그는 《뉴욕 타임스》와의 인터뷰에서 "매우 빠른 속도로 시건들이 발생하고, 너무 많은 정보들이 오갈 때, 독서는 시간을 늦추고 통찰력을 얻게 해주며, 다른 사람의 입장에서 이해하게 해준다."라고 하였다. 퇴임 후 지금까지 읽지 못한 많은 책을 찾아 읽을 것이라며 독서는 음악과 TV, 그리고 아주 뛰어난 영화와는 다르게 스스로를 안정시키는 특별한 시간을 준다고 하였다. 뉴욕 타임스에서 30년 넘게 책과 서평 전문 기자로 활약하며 퓰리처상도 수상한 베테랑 기자 미치코 가쿠타니는 "링컨 이후로 버락 오바마만큼 자신의 삶, 신념 및 세계관을 책 읽기와 글쓰기를 통해 형성한 대통령은 없다."라고 평가하였다.

　오바마는 한 때 마약까지 손을 대며 방황의 시기가 있었다. 그 시기를 이겨내고 미친 듯이 책을 읽지 않았다면 과연 미국 대통령을 8년간 재임하며 영광스럽게 은퇴하는 날을 만날 수 있었을까. 세계 강대국인 미국을 지휘하면서도 독서의 중요성을 알았기에 하루라도 빠짐없이 매일 독서를 하였다. 퇴임을 하면서도 자신의 인생이 끝나는 것이 아닌 제2의 인생을 살고자 계속해서 책을 읽을 것이라고 인터뷰를 하였다.

　IT의 살아있는 전설 빌게이츠는 초등학교 시절부터 엄청난 양의 책을 읽었다. 그의 아버지는 빌게이츠가 염려가 될 정도로 도서관에 파묻혀 살았다고 한다. 동네 도서관을 자기 집처럼 다니며 독서습관을 가지게 되었다. "오늘날 나를 있게 한 것은 우리 동네 도서관이다."라고 고백하며 '하버드 졸업장보다 소중한 것이 독서습관'임을 강조하였다. 그는 매년 생각주간을 통해 수 십 권의 책을 읽는 시간을 가진다. 지금도 그가 생각주간을 통해 영감을 얻은 책들이 세계적으로 이슈가 되고 있다.

　세계최고의 리더들은 책을 읽는다. 그들은 결코 리더가 되어 책을 읽는 것이 아니다. 독서를 통해 리더가 되었다. 책을 읽는 사람은 분명 리더가 된다. 리더가 되는 과정 속에 책 읽을 시간을 가지면서 성장해야 한다. 책 읽을 시간조차 없다고 하는 사람은 절대로 성장할 수 없다. 대부분 시간이 여유로울 때 책을 읽겠다고 하거나, 리더가 되어서 책을 읽겠다고 하지만, 독서는 리더가 되어서 하는 것이 아니다. 리더가 되기 위해서 독서를 해야 한다. 리더의 책상에는 항상 책이 있어야 하며, 리더를 꿈꾼다면 지금 당장 책을 읽어야 한다.

우리가 살고 있는 현실은 계속해서 변하고 있다. 이 속에서도 변화를 예측하고, 심지어 주도하는 사람들이 있다. 미래학의 아버지 앨빈 토플러를 시작으로 피터 드러커, 정주영 회장, 나폴레옹 등 모두 독서를 통해 변화를 주도하는 사람들이다. 세계 최고 리더들이 독서하는 이유가 바로 미래를 준비하기 위해서이다. 독서는 자신의 삶을 바꾸는 것을 넘어 자신의 미래를 계획하게 한다.

"당신은 책을 읽고 있는가?"라는 질문보다 "당신은 미래를 계획하고 있는가?"라는 질문이 독서의 중요성을 더 강조할 수 있다. 세계 최고의 리더들은 독서를 통해 미래를 계획하고 주도하였다. 오바마 대통령이 퇴임하고도 책을 읽는 이유와 빌게이츠가 은퇴를 하고도 독서를 하는 이유를 생각해보라. 지금 우리는 예측할 수 없는 시대, 아니 끊임없이 변화하는 시대를 살아가고 있다.

아시아 최고의 CEO 손정의는 "나는 300년 앞을 내다보면서 사업을 해왔다."라고 하며 치열하게 미래를 계획한다. 그는 입원기간 3년 동안 4천권의 책을 섭렵하였고, 그 힘을 바탕으로 300년의 기업경영을 설계하고 있다.

독서는 인생을 위대하게 바꾸는 가장 강력한 도구이다. 세계최고의 투자가 워렌 버핏은 "독서보다 더 좋은 방법은 없다!"라고 주장하였다. 인간의 인생을 가장 짧은 시간에 가장 위대하게 바꿔줄 방법으로 독서보다 더 좋은 방법을 찾을 수 없을 것이라고 강조하였다.

독서는 평범한 인생을 넘어 세상에 영향력을 미치는 사람으로 성장한다. 독서만 하더라도 20대에 작가가 될 수 있으며, 1년을 넘어 100년의 미래를 계획하고 스스로 미래를 만들어갈 수 있다. 사회적으로 인정받으며 안정적인 경제적 자립을 통해 기부활동과 봉사활동을 펼칠 수 있다. 이것은 나의 이야기이며, 이 책을 공동으로 집필하고 있는 진가록 작가의 이야기이다. 평범한 직장생활을 하였던 나 같은 사람을 20대 작가로 활동하게 하고, 대한민국 80여 개 도시를 다니며 연간 200회 이상 강연을 하는 강사로 성장시켜 준 것은 독서였다. 독서를 미친 듯이 하면 평범한 인생으로 결코 머물 수 없다. 독서는 분명 자신의 삶을 변화시킨다. 자신의 삶을 넘어 타인의 삶도 변화시키고, 세상을 바꿀 수 있는 힘을 가지고 있다.

독서를 통해서 변화된 사람들을 알고, 독서를 통해 변화된 사람이기에 책 읽기를 권장한다. 더군다나 첫 책을 독서법이라는 주제로 출간하였고 독서법 전문가로 강연활동을 하고 있기에 더욱 강조하고 있다. 이런 이야기를 전하면 사람들은 두 부류로 나뉜다. 한 권의 책을 읽기 시작해서 미친 듯이 독서하고자 하는 사람들과 반응은 커녕 독서는 시대에 뒤떨어진다고 생각하는 사람들이 있다.

전자는 자신이 더 나은 사람이 되고자 하는 간절한 마음이 있는 사람들이다. 이들은 애초부터 열정이 가득한데 어떻게 성장하는지 방법을 모르고 있었을 뿐이다. 열정이 타오르는 시점에 독서라는 기름을 통해 그 열정이 더 불타오르기 시작하는 것이다. 이런 사람을 만나면 서로가 성장을 위한 자극을 나누게 된다. 책을 추천하는 즉시 읽기 시작하고, 얼마 되지 않아 다음 책을 추천해달라고 요청한다. 독서를 권장했던 사람인 나에게도 굉장한 도전이 되는 것이다. 이런 사람을 옆에서 보고 있으면 나 자신도 독서에 대해서 자극받고 책에 더 열중하는 모습을 발견하게 된다.

반면에 후자는 자신은 이미 많은 책을 읽었다고 말한다. 이들에게 책 읽기를 권장하면 이상한 사람으로 취급하고, 심지어 책을 선물하면 책을 마치 뱀 보듯이 소스라치게 놀라곤 한다. 이들은 책 읽는 사람들을 현실세계와 다른 이상적 세계에 사는 사람들로 생각한다. 미국의 대통령도 책을 읽고, 미국의 CEO도 책을 읽는데, 책을 읽지 않는다는 것은 자신이 과연 미국의 대통령과 CEO보다 뛰어나다고 생각하는 것인지 아니면 책 읽는 방법을 아예 모르는 것인지 고민해볼 필요가 있다. 이런 사람들이 있기에 책이 존재하는 것이며, 작가가 존재하는 것이다. 이런 사람들을 변화시키는 것이 작가로서의 숙제

이자 사명이고, 계속해서 글을 집필하는 이유이다.

나는 7년째 미라클독서모임을 운영하고 있다. 미라클독서모임은 월요일 아침 6시 30분 직장인 독서모임을 시작으로 화요일부터 목요일까지 저녁 시간대에는 자기계발 독서모임과 토요일 아침 7시에는 교양독서모임을 진행하고 있다. 매달 100명 이상의 인원이 참석하면서 부산을 넘어 전국에서 가장 활발한 독서모임으로 성장하였다.

독서모임에 참가하면 한 달에 5권에서 10권의 책을 필수적으로 읽게 된다. 모임의 리더로 다음 달의 책을 미리 선정해야 하기에 신간도서와 베스트셀러를 계속해서 읽어야 한다. 이렇게 책을 읽다보니 취미의 독서를 넘어 시대를 앞서가고 미래를 예측하고자 하는 독서로 성장하고 있다. 리더가 책을 선정하는 것에 따라 모임의 참가자들이 다르게 성장하기 때문에 치열하게 책을 읽어야 한다. 이것은 내가 바쁘다는 핑계로 책을 놓을 것이라는 생각에 계속해서 독서를 해야 하는 장치로 만든 것이다. 덕분에 시대의 흐름을 파악하고, 시대보다 한 수 앞을 보고자 하는 독서의 시선을 계속해서 키워나가고 있다.

오바마 대통령이 퇴임을 하면서도 독서를 선택하고, 빌게이츠가 은퇴를 하면서도 독서를 선택하는 것은 은퇴를 해서 자신들의 인생이 끝나는 것이 아니라 지속적인 성장과 함께 미래를 보는 새로운 눈을 가지기 위한 것이다. 소크라테스는 "남의 책을 많이 읽어라. 남이

고생하여 얻은 지식을 아주 쉽게 내 것으로 만들 수 있고, 그것으로 자기 발전을 이룰 수 있다."라고 말하였다. 스티브 잡스가 소크라테스와 점심을 함께한다면 애플의 모든 기술을 넘기겠다고 하면서 인문학적 독서를 계속해서 실천한 것은 변하는 시대에서 미래를 주도하기 위한 것이다.

진정한 리더는 독서하는 사람들이다. 리더가 되기 위해서 독서를 해야 하고, 리더가 되어서도 독서를 해야 하며, 리더의 자리에서 떠날 때에도 독서해야 한다. 지금 이 글을 읽는 당신이 평생토록 독서를 해야 하는 이유이다.

누군가는 은퇴를 하면서 자신의 인생이 마치 끝난 것처럼 은퇴를 맞이한다. 그들은 무엇을 해야 할지 모르며, 어떻게 준비를 해야 할지도 모르며 준비를 하지도 못한다.

또 다른 누군가는 은퇴를 맞이하며 '제2의 인생'을 꿈꾸며 새롭게 시작한다. 그들은 자신의 삶을 계획된 대로 가고 있으며, 자신이 인생을 두 번째 전성기를 맞이하고, 자신만 아니라 자신과 함께하는 이들과 세상 사람들에게 지대한 영향력을 미치며 삶을 살아간다.

당신은 어떤 인생을 선택할 것인가. 지금이라도 독서를 선택하라.

책 읽을 목표를 세우고, 인생의 목표를 세우자

한 권의 책이 인생을 송두리째 바꿀 수 있다. 가난하여 이웃집에서 책을 빌려 읽는 소년이 있었다. 《조지 워싱턴의 전기》를 읽고 워싱턴과 같은 대통령이 되겠다는 꿈을 가지게 되었다. 매년 자신의 키만큼 책을 읽기로 작정하고, 키가 크는 만큼 독서량을 늘렸다. 그는 가난을 극복하고 자신의 꿈인 미국 대통령이 되었다. 독서를 통해 자신을 더 나은 존재로 만든 미국 대통령 링컨의 이야기이다.

인생을 바꾸는 책을 만나기 위해서 많은 책을 읽어야 한다. 미국 대통령 링컨과 같이 자신의 키가 자라는 만큼 독서량도 늘어야 하며, 지성이 자라는 만큼 독서량도 늘어나야 한다. 더 나아가 제대로 된 인생의 목표를 세우기 위해 책을 읽어야 한다.

'부자되는 습관'(Rich Habits)의 저자 토마스 C. 콜리가 부자들의 습관을 조사하는 것을 통해 목표를 세워야하는 이유를 알 수 있다. 토마스 C. 콜리는 223명의 부자들과 128명의 가난한 사람들을 대상으로 습관을 조사하였다. 부자들은 연간 16만달러 이상을 벌고 순자산이 320만달러가 넘는 사람들이고, 가난한 사람들은 연간 소득이 3만달러 이하이고 순자산이 5000달러 미만이다.

토마스 C. 콜리의 설문조사 결과

① 부자들은 매일 30분 이상씩 책을 읽는다는 대답이 88%에 달했으나 가난한 사람들은 2%에 불과했다.
② 책 읽는 것을 좋아한다는 대답도 부자는 86%였으나 가난한 사람들은 26%에 그쳤다.
③ 부자들은 매일 해야 할 일을 메모를 해둔다는 대답이 86%였다. 반면 가난한 사람들은 9%만이 해야 할 일을 기록했다.
④ 부자들은 TV를 하루에 1시간미만으로 본다는 대답이 60%가 넘었으나 가난한 사람들은 20% 남짓만이 하루 TV 시청 시간이 1시간 미만이었다.
⑤ 부자들은 출근 3시간 이상 전에 일어난다는 대답이 44%로 절반 가량이었으나 가난한 사람들은 3%에 그쳤다.
⑥ 일주일에 4번 이상 운동한다는 대답도 부자들이 76%로 가난한 사람들 23%보다 훨씬 많았다.
⑦ 부자들은 63%가 출퇴근하는 자동차 안에서 오디오북을 들었으나 가난한 사람들은 5%만이 그랬다.
⑧ 목표 설정에서도 큰 차이를 보였다. 부자들은 67%가 목표를 글로

적어두는데 비해 가난한 사람들은 17%만 목표를 기록했다.
⑨ 부자들은 80%가 구체적인 목표 달성에 초점을 맞추는 반면 가난한 사람들은 이 비율이 12%로 낮았다.
⑩ 부자들은 86%가 평생을 통해 교육을 받으며 자기계발에 힘써야 한다고 말했으나 가난한 사람들은 5%만이 평생교육의 필요성을 인정했다.

부자들은 매일 30분 이상 책 읽기를 좋아하고, 구체적인 목표를 세워서 끊임없이 자기계발과 평생교육을 실천하였다. 목표를 세우고 난 다음에는 구체적인 계획을 세워야 한다.

목표는 반드시 기록을 할 것!

목표를 세우고 나면 반드시 기록해야 한다. 1979년 하버드 경영대학원 졸업생들을 대상으로 목표설정에 대한 설문조사를 실시하였다. '명확한 장래 목표와 그것을 성취할 계획이 있는가?'라는 질문에 3%만이 목표와 계획을 세웠으며, 그것을 기록하였고, 13%는 종이에 직접 기록하지 않았다. 나머지 84%는 아무런 계획이 없다고 답하였다.

설문조사를 실시하고 10년이 지난 후, 졸업생들을 다시 조사를 하니 목표는 있었지만 기록하지 않았던 13%는 목표가 전혀 없었던 84%의 학생들에 비해 평균수입이 2배 이상이었다. 그리고 명확한 목표와 계획을 세우고 그것을 구체적으로 기록해두었던 3%의 졸업생들은 84%의 졸업생보다 소득이 10배 이상 많았다.

성공한 사람들을 만나보면, 필자의 기준으로 돈을 많이 벌고 사회적 지위가 있는 사람들을 만나보면 철저하게 목표를 세우고 기록하고 있었다. 그들은 한 해 동안 몇 권의 책을 읽을지 목표를 세웠고, 그 목표권수를 채우기 위해서 매달 몇 권 읽기, 한 주간 읽기, 하루 동안 읽을 분량에 대해서 나누었다.

목표는 반드시 높게 설정할 것!

목표는 어느 정도로 세워서 기록해야 하는가. 8,848m 높이의 에베레스트, 1953년 뉴질랜드의 에드먼드 힐러리 경이 인류 최초로 정상을 정복하였다. 24년 뒤인 1977년에 한국의 고상돈 대원이 세계에서 58번째로 에베레스트를 정복하였다. 24년 동안 매년 2.4명꼴로 등정에 성공했는데, 2004년도가 되자 1년 동안 330명이 에베레스트 정상에 올랐다. 2006년도에는 480명, 2008년도에는 600명으로 에베레스트를 정복한 사람이 급격하게 많아졌다. 그 이유를 살펴보니 에베레스트를 등정할 때 기존 2,000m 지점에 베이스캠프를 세우던 시절에는 2.4명 정도가 등정에 성공하였고, 1990년도 이후에 베이스캠프를 6,700m 지점에 설치했다. 모든 장비를 높은 베이스캠프에 가져다 놓고, 2,000m 정도만 다녀오면 정상을 정복할 수 있었던 것이다.

에베레스트 산을 정복하는 예화를 통해서 알 수 있듯이, 남들이 상상하지도 못할 정도로 목표를 높게 세워야 한다. 매년 몇 권의 책을 읽을지 목표를 세우는 것과 세우지 않는 것은 분명히 차이가 있다. 그리고 그것을 기록하여 다이어리나 스마트폰, 책상, 냉장고, 심지어 자동차 핸들에 붙여서 자신이 자주 머무르는 곳에 노출을 시켜야 한다. 그리고 한 해 동안 읽을 책의 권수를 남들이 상상하지도 못하는 권수로 세워라. 매달 1권씩, 1년 12권을 읽겠다는 목표를 세웠으면, 세운 목표의 10배로 수정하라. 매달 10권씩, 1년 120권의 책을 읽기로 목표로 세우는 것이다. 높은 목표를 세우면 기존에 세웠던 12권의 책을 읽는 것은 당연히 이루고, 그 이상의 책을 읽을 수가 있다.

목표는 반드시 평생 실천할 것!

그러면 독서를 언제까지 해야 하는가. 게리 맥퍼슨은 1977년 악기를 배우는 157명의 아이들을 대상으로 어떻게 실력이 향상되는지 분석하였다. IQ, 청각적 감수성, 수학적 능력, 리듬감, 운동감각, 연습량, 소득수준의 지표를 조사하였다. 실력향상의 조건은 IQ도 여러 가지 재능도 아니었다. 심지어 실력향상에 유리할 수밖에 없을 것 같은 소득수준의 차이도 아니었다. 한 결과 실력향상의 핵심은 장기계획이었다.

대부분의 아이들이 '잠깐 동안만 할 계획'이라고 대답했다. 그 아이들은 숙달된 연주자가 되지 못한 채 중도에 포기했다. 어떤 아이들은 '앞으로 몇 년 동안 할 계획'이라고 대답했다. 그 아이들은 상당한 수준의 연주 실력을 갖추었다. 몇몇 아이들은 '난 음악가가 되어 평생 연주하며 살 계획'이라고 했다. 이 아이들은 실력향상이 4배 이상 향상되었다. 이후에 훌륭한 연주가가 되었다.

남들이 상상하지 못하는 목표를 세우고, 기록하는 것을 넘어서 독서하는 것을 평생하기로 작정해보자. 책을 집필하는 작가 이상으로 독서를 하는 것이다. 이 세상에서 책을 가장 사랑하는 사람이라는 마음을 가지고 책을 읽어라. 그 마음가짐이 독서의 힘을 길러줄 것이다.

독서를 하지 못하는 이유…?

 목표를 세우고 나서 독서를 시작하려고 책상에 앉으면 쉽게 책이 눈에 들어오지 않는다. 독서가가 되어 책을 집필하고 있는 작가도 마찬가지이다. 책을 읽지 않았던 컴퍼트 존(익숙한 지역)에서 벗어나는 순간 무의식적 거부반응을 하는 것이다. 심리학자들은 자신만의 컴퍼트 존이 존재한다고 하는데, 이는 사람들이 익숙한 곳에 머무르면서 무엇인가 새로운 것을 시도하고 도전하는 것을 두려워하는 것이다. 성공한 사람들은 이 경계선을 쉽게 넘는 반면에 보통 사람들은 경계선을 넘지 못한다. 이것은 독서의 영역에도 마찬가지이다. 책을 읽으려고 막상 책상에 앉기까지가 힘들다.
 책을 읽으려고 책상에 앉으면 이런 경우가 있다. 너무 오랜만에 앉은 책상이라 먼지가 쌓여있어 물티슈로 책상을 닦기 시작한다. 막상 책을 읽으려고 하니 손에 잡히는 펜이 없어 불안하다. 펜을 찾아 거실에 나가니 물 한잔을 마셔야 하고, 물을 마셨으니 화장실에 가야

된다. 펜을 들고 다시 책상으로 향하는 길 거실에서 아내가 보는 TV가 눈에 들어온다. 최근에 유행하고 있는 드라마, 만약 보고 있는 장면을 놓치면 책도 눈에 들어오지 않을 거라 생각이 들어 아내 옆에 앉아 TV를 시청한다. 드라마를 끝까지 시청하고 만족감으로 방에 들어가 책을 펼치는 순간, 거실에 펜을 놔두고 왔다는 것을 알게 되었다. 잠깐 다녀와도 될 거 같지만 그 짧은 순간에 열이 받아 책을 덮고 침실로 향한다. 이 모든 과정의 이야기가 다름 아닌 필자의 이야기이다.

하루 10분 독서를 시작하라

목표를 세우고 나면 규칙적인 독서를 해야 한다. 초보적인 독서를 극복하기 위해서는 하루 10분 독서를 시작하라. 수 많은 성공한 사람들이 매일 책을 읽는 독서고수가 되었더라도 그들도 역시 책읽기가 힘든 시절이 있었다. 책을 많이 읽는 다독가들도, 책을 집필하는 작가들도 마찬가지이다. 개구리가 올챙이 시절이 있듯이, 닭이 병아리 시절이 있듯이 책을 많이 읽는 다독가들도 책 한 권 제대로 읽지 못하던 시절이 있었다. 그들은 모두 꾸준히 독서를 하는 것부터 시작하였다. 독서가 힘든 사람들이 지금은 올챙이와 병아리와 같은 수준이라 하더라도 개구리와 닭이 된다는 상상을 하며 하루 10분씩 독서를 시작하는 것이다.

앞서 《독서법부터 바꿔라》를 통해 리딩타임에 대한 개념을 제시한 적이 있다. 리딩타임이란 책을 읽는 시간을 뜻하는 것으로 온전히 책만 읽는 시간이다. 책을 읽을 때 아무런 방해와 잡다한 생각 없이 집중만 잘한다면 독서력은 충분히 성장한다. 독서 강연이나 독서 교육을 통해서 리딩타임을 실습하면 대부분 사람들의 집중력이 평균 5~7분 정도로 10분이 넘지 않는다. 필자도 10분 동안 집중해서 책을 읽는 것이 힘들었다. 리딩타임의 시간만 꾸준히 늘린다면 한 권의 책을 읽는데 많은 시간이 걸리지 않는다.

  매일 꾸준히 하는 독서는 그 어떤 교육과정보다도 뛰어난 성과를 만들 수 있다. 빌 게이츠가 "하버드 졸업장보다 소중한 것은 바로 독서하는 습관이다."라고 말한 이유를 한 번 생각해보라. 책을 통해서 세상에서 경험하지 못한 것을 만나고, 배울 수 있다. 정규교육에서 포기한 사람들이 독서를 통해서 위대한 성장을 경험하게 되었다.

반복 독서를 무시하지 마라

  꾸준히 10분 독서를 실천하다가 만난 책 중 자신의 삶을 자극시켜주는 책을 반복해서 읽어라. 책을 반복해서 읽는 것은 굉장히 도움이 된다. 독서가들이 속독과 정독, 다독을 통해서 수 많은 책을 읽는 이유는 반복 독서를 하기 위해서이다. 인생에 도전을 주는 책을 반복해서 읽으면 그 책들이 나의 삶을 변화시켜준다는 것을 깨닫는다. 반복해서 책을 읽는 것은 저자의 생각을 깊히 들여다 볼 수 있다. 처음 읽었을 때 놓쳤던 부분을 반복 독서를 통해 다시 읽을 수가 있다. 반복 독서는 앞서 소개한 독서의 기술들을 자연스럽게 체득하게 한다. 반복 독서는 기본적으로 속독을 습득하게 한다. 한 권의 계속해서 읽는 것도 읽은 권수에 계속 체크하라. 명절이 되면 하루 날을 비워서 인생의 책을 지속적으로 읽는다. 심지어 내가 집필한 2권의 책도 반복해서 읽는다. 반복해서 읽을 때마다 책의 상단에 正자로 표시한다. 어떤 책의 경우는 50번 넘게 읽는 책도 있다. 처음 완독한 시간이 2시간 넘게 걸렸던 책이라 하더라도 수십 번 반복해서 읽으면 30분 이내로 충분히 읽을 수가 있다.

한 권의 책을 끝까지 읽고 덮었는데, 거짓말처럼 아무것도 기억나지 않는 적도 있었다. 너무 어이가 없어서 다시 책을 처음부터 읽기 시작한 적이 있다. 분명 책을 덮었을 때는 기억나지 않던 내용들이 책을 다시 펼쳐서 읽을 때 기억나는 것을 알 수 있었다. 책을 읽은 직후에는 기억이 바로 나지 않았지만, 반복해서 책을 들여다보면서 기억을 다시 회생시키는 것이다. 책을 반복해서 읽으면 책의 내용을 머릿속에 반드시 기억할 수 있다.

한 권의 책을 단번에 독파하라

책에도 유통기한이 있다. 우선 책은 판매되는 기간이 제한적이다. 독서가들이 책을 사서보라고 권장하는 이유 중에 하나가 웬만한 책들은 절판된다. 일정기간에 베스트셀러가 되지 않고, 판매가 되지 않으면 책은 금방 절판이 된다. 물론 책의 작품성이나 완성도가 높지 않아서 독자들에게 사랑받지 못한 책들도 있다. 이런 책은 중고시장이 발달된 최근에는 저렴한 가격에 쉽게 구매할 수 있다. 반면에 작품성도 높고, 저자의 인지도도 높은데도 불구하고 절판되는 경우도 있다. 출판사의 마케팅이 실패하거나 아니면 출판사가 부도가 난 경우에 절판되는 경우이다. 절판이 되어도 좋은 책인 경우 중고시장에서도 10배 이상 가격이 비싼 경우가 있다.

    책을 구매하고 책을 읽는 유통기한이 존재한다. 자신이 필요에 의해서 책을 구매한 경우 금방 책을 읽는 경우가 있다. 이에 반해 각종 마케팅에 현혹되거나 유명인들이 추천하여서 구매한 경우, 자신과 맞지 않는 경우 읽히지 않는다. 책을 구매하고 3주에서 4주 만에 읽지 못하면 그 책은 영영 읽지 못할 수도 있다. 책을 구매하면 책 첫 장에 구매한 날짜를 작성하라. 읽기 시작하면 구매한 날짜 아래에 읽기 시작한 날짜를 작성하고, 책을 다 읽으면 완독한 날짜를 작성하라.

    1주일에 한 권의 책 읽기를 권장한다. 1주일에 한 권의 책을 읽기 위해서 한 권의 책을 7파트로 나눈다. 기존 목차와 페이지를 신경 쓰지 않고 7파트로 나누어 접어둔다. 그리고 각 파트에 끝부분에 월요일부터 일요일까지 표시해 둔다. 1주일 표기를 통해서 책의 내용과 상관없이 순전히 글을 읽는 독자 중심의 책 읽기를 하는 것이다. 이렇게 한 주에 한 권이면 1년 52권의 책을 읽을 수가 있다.

    독서력을 높이기 위해서는 한 권의 책을 한 번에 독파하는 시간을 가져야 한다. 《독서법부터 바꿔라》를 집필하던 시절 평범한 직장인 시절, 연차를 내고 도서관을 찾았었다. 휴대폰도 끄고 책상에 앉았다. 화장실도 가지 않고 심지어 하루 종일 아무것도 먹지 않으면서 책만 읽었다. 하루 종일 읽은 책이 10권이 넘었다. 그 뒤로 독서력이 무섭게 성장했다. 지금도 책이 안 읽혀질 때는 하루 종일 책을 읽는 시간을 가진다. 한 권의 책을 단번에 꼭 독파하는 시간을 가져라. 독서 능력이 금방 성장하는 계기가 될 것이다.

백 권, 천 권의 기준은 없었다

독서법에 대한 책들이 흥행하면서 다양한 독서법이 나왔다. 독서전문가로 활동하면서 독서법에 관한 책들은 우선순위로 읽고 있다. 대부분의 독서전문가들은 책읽기의 목표량을 제시한다. 누군가는 1년에 100권의 책 읽기를 권장하고, 누군가는 3년간 1,000권 이상 읽기를 권장한다. 또 어떤 이는 만 권 읽기를 권장한다.

나도 20대가 되어서 매년 100권 이상 책읽기를 실천하였다. 매년 100권 이상 책을 읽게 된 계기는 고등학교 시절에 나를 지도했던 멘토의 영향이었다. 고등학생 때 인생의 멘토가 졸업하기 전까지 50권의 책을 읽으라고 지시하였다. 인생의 아무런 목표가 없던 시절, 멘토의 지시대로 고등학교 졸업하기 전 50권의 책을 읽었다. 50권의 책을 읽고 나서 20대가 되어서 매년 100권의 책을 읽으라고 지시하였다. 처음 독서습관이 없을 때는 1년에 100권 읽기는 정말 힘든 과제였다. 1년에 100권을 읽으려면 한 주에 2권의 책을 읽어야 한다.

당시에는 목표량을 채우기 위해서 걸으면서도 책을 읽었다. 버스 정류장에서 책을 읽다가 버스를 놓치는 경우도 있었다. 이렇게 책을 읽으면서 독서의 임계점을 돌파하고 지금의 책 읽는 습관을 가지게 되었다. 20대에 매년 100권의 책 읽기를 통해 1,000권의 책을 읽었다. 독서법 책을 집필하며 한 분야의 책만 100권을 읽고, 하루에 10권 이상 책을 읽게 되었다.

꾸준한 책 읽기가 성장의 도구이다

독서모임을 진행하면서 리딩플랜이라는 타이틀로 독서습관을 잡는 교육프로그램을 진행하고 있다. 어느덧 3년 이상 진행되면서 독서모임의 핵심프로그램으로 자리 잡았다. 나는 독서모임에서 진행되는 독서교육이 단순한 독서교육을 넘어서 대한민국을 독서강국으로 만드는 프로젝트로 목표를 설정했다. 그린 실현을 위해 독서교육이 끝나고 100권의 책을 읽으면 트로피를 수여하는 행사를 가졌다. 3년간 지속적으로 교육프로그램을 운영하면서 매년 20명이 넘는 인원에게 트로피를 제공하였다. 그러면서 대한민국 독서량을 높이고, 독서강국을 만드는 것에 일조하고 있다는 생각을 가졌다. 그 생각은 교육받은 사람들을 지속적으로 만나면서 착각이라는 것을 깨달았다.

트로피를 받은 사람들이 정작 독서를 멀리하기 시작하였다. 100권의 목표가 너무 과중하여서 목표량을 채우고는 책 읽기를 손 놓는 것이었다. 나는 리딩플랜을 통해 100권 읽기에 전력으로 질주하다가 100권을 읽고는 책 읽기를 멈춘 사람들을 보면서 문제가 있다는 생각을 가졌다. 여러 고민 끝에 지금은 독서트로피에 대한 기준을 10권으로 낮췄다. 10권만 읽어도 트로피를 제공한다. 그리고 한 주에 한 권씩 1년에 52권만 읽어도 된다고 주장한다. 작가가 되지 않는 이상 사실 100권 이상의 독서는 무의미하다.

  꾸준한 책 읽기가 성장의 도구이다. 100권의 책을 읽고 책을 손 놓는 것보다 한 주에 한 권씩 책을 읽고 꾸준히 책을 읽는 것이 더 좋다. 인생의 목표를 설정할 때 평생 할 것이라는 계획이 실력을 높이는 것처럼 독서도 마찬가지이다. 이런 경험을 통해 도서관이나 기업, 단체에 강연을 가면 강연을 듣고 10권의 책을 읽은 사람들에게 트로피를 보내주고 있다. 지속적으로 책을 읽는 방법을 연구하면서 대한민국의 독서량을 높이면서 독서강국을 만드는 프로젝트로 진행하는 것이다. 나는 이 일을 평생하려고 한다.

백 권, 천 권의 기준은 없었다

  여기서 한 번 생각해 볼 필요가 있는 것이 '누가 과연 목표 권수를 정했는가'이다. 나는 아무런 생각이 없는 시절에 나를 지도한 멘토가 고등학교 졸업 전까지 50권의 책을 읽는 것과, 20대가 되어서는 매년 100권 씩 책을 읽는 것을 지시했다. 아무 생각이 없었기에 지시한 목표를 채우려고 노력했다. 매년

100권의 책을 읽으면서 나만의 독서법이 생기기 시작했다.

독서가가 되기 위해서는 책 읽기의 고정관념을 벗어나야 한다. 100권을 읽고, 1,000권을 읽으면 고수가 된다는 말은 아무런 생각 없이 목표설정을 하지 못하는 사람들에게 권장하는 말이다. 정약용, 세종대왕, 링컨, 아인슈타인 등 독서를 하는 위인들은 결코 책을 읽은 권수가 중요한 것이 아니었다. 꾸준한 독서력을 통해 자신의 삶을 바꾼 것이다. 그래서 "하버드 대학교의 졸업장보다 독서하는 습관이 더 중요하다."라고 빌게이츠가 강조한 것이다. 100권, 1,000권을 채우는 것이 중요한 것이 아니라 제대로 된 독서력을 가지는 것이 핵심이다.

책만 읽는 바보가 되지 마라

한 권의 책을 읽더라도 삶을 송두리째 바뀌는 사람도 분명 존재한다. 한 권의 책을 끝까지 읽지 않더라도 삶을 바꾸는 영감을 얻는 경우도 있다. 독서에는 기준도, 원칙도 존재하지 않는다. 독서를 통해 세상을 바라보는 창문을 만들고 자신의 삶을 뒤돌아보는 것이 중요하다.

이제는 권수만 생각하면서 책만 읽는 바보가 되지 말자. 100권을 목표로 세웠으면 100권의 책을 읽으면서 독서력을 키워라. 그저 한 권 읽고 책장을 채우는 행위만 하지마라. 그것은 절대로 성장하는 독서가 아니다.

제대로 된 독서력을 가지기 위해서 기억독서법의 기술이 필요하다. 기억독서법의 기술은 책을 통해 지식의 규모를 넓히게 하고, 지혜의 깊이를 깊게 한다. 한 권의 책을 읽고 아무것도 기억하지 못한 채로 책을 덮는 것은 구멍 뚫린 항아리에 물을 붓는 것이다. 수십 권의 책을 읽고도 변하지 않는 사람이 있다면 자신이 책을 읽는 독서력을 한 번 점검해야 한다. 제대로 된 독서력을 가지고 책을 읽는 것은 그렇지 않은 것과 분명한 차이가 있다. 기억독서법의 기술을 가지고 책을 읽으면, 책을 읽고 느끼는 영감과 아이디어가 다르다. 책 읽는 기술의 차이를 확연히 느끼면서, 책을 읽고 나누는 이야기가 다르다. 독서력을 가지면 책을 읽고 난 다음 표현되는 결과물이 다르다. 글쓰기의 수준 또한 차이가 난다. 글쓰기는 자신이 제대로 된 독서를 하고 있는지 알 수 있다.

나는 분야별 독서를 적극적으로 추천한다. 한 분야에 10권만 읽더라도 비슷한 내용이 반복해서 읽으면 어려운 분야라도 이해력과 기억력을 높일 수 있다. 독서법에 대한 책을 읽으면서 다양한 독서법의 책을 비교하면서 읽기를 권한다. 도서관에 가면 책장마다 분야가 나누어져 있다. 책을 빌릴 때 그 책 주변에 있는 책을 여러 권 빌려서 비교해서 보는 것이다. 서점에서도 마찬가지이다. 인터넷 서점을 이용할 경우 빅데이터를 통해서 책의 키워드로 검색해보고, 관련 도서를 함께 구매해서 읽는 것이다.

이제부터 백 권의 책을 읽더라도 제대로 읽기를 시작하라. 백 권을 읽더라도, 천 권을 읽더라도 의식의 규모를 넓히는 독서를 시작하라.

책을 읽고 아웃풋하는 정성이 필요하다

기억독서법에 관심을 가지게 된 계기는 하루 한 권 이상 책을 읽기 시작한 이후이다. 독서의 임계점을 넘으면서 매일 독서량이 늘어났다. 하루 한 권을 읽으면서 주변에 한 권 이상 책을 읽는 사람들을 만나게 되었다. 그들의 비결을 배우고 싶었지만, 모두가 다독을 통해서 자연스럽게 습득한 기술이었다. 많은 양의 책을 읽고 싶어 속독법 관련 도서들을 탐독하였다. 속독의 기술을 포스트잇에 적어 꾸준한 훈련을 통해 빨리 읽는 기술을 익혔다.

분야별로 10권의 책을 읽는다

내가 가진 좋은 습관 중에 하나가 정보를 얻거나 기술을 배우기 위해서 관련된 책을 10권을 읽는 것이다. 최근 유행하는 신간부터 그 분야의 베스트 셀러와 꾸준히 읽히는 스테디 셀러를 검색하고 구매한다. 대부분의 정보는 10권 정도의 책에서 충분히 습득이 가능하다. 속독법 역시 이렇게 공부하였다. 속독법은 일종의 눈을 돌리는 운동이었다. 한때 눈을 돌리는 훈련을 꾸준하게 하였다. 화장실에 앉아서 벽을 보며 훈련한 적도 있다. 독서가라면 한 번쯤 속독을 접할 필요가 있다. 책을 읽을 때 너무 신중하게 이해하려고만 한다면 속도도 늦지만, 이해하는 것도 낮았다.

특별히 릭 오스트로브의 《2배 빨리 2배 많이 야무지게 책읽기》와 폴 쉴리의 《포토리딩》이 도움이 되었다. 두 권의 책은 도서관에서도 쉽게 찾을 수 없었고, 중고서적도 정가보다 더 비싼 책이었다. 경영 관련 강연에서 강연자가 책은 절판되기 전에 꼭 사서 보라는 말이 공감이 갔다. 독서는 훈련이 필요하다. 빨리 읽는 훈련과 기억에 남기는 훈련이 필요하다.

책 읽기는 영양분을 섭취하는 것

빨리 읽는 기술을 익히면서 하루 10권까지 책을 읽는 경험을 하게 되었다. 이런 경험은 명절이나 연휴가 되면 집사람의 양해를 구하고 책만 읽는 시간을 가진다. 책을 10권 정도 읽으면 뇌가 배부르다는 생각이 든다. 정보를 한가득 뇌에 담고 나면 스트레스도 풀린다. 이렇게 책을 읽고 나면 글도 잘 써내려가진다. 글쓰기에는 그만큼 인풋이 중요하다는 것이다.

150여권을 출판한 이어령 교수는 책을 읽는 것을 "우연히 한밤중에 책을 보면서 몇 구절이 튀었을 때, 상상력과 창조력이 벼락과 같은 하나의 충격을 받는 경험을 한다."라고 말한다. 뇌를 채우다보면 상상력과 창조력이 삶의 영역에 벼락과 같이 충격을 주며 나타난다.

책의 내용이 기억나지 않는 것은 정상이다. 잠자기 전 하루를 되돌아보면서 아침부터 저녁까지 어떤 밥을 먹고, 어떤 반찬을 먹었는지 자세히 기억나지 않는 것과 같다. 심지어 우리는 그 음식에 어떤 영양소가 있는지, 어떤 조미료가 쓰였는지 분석하지 않는다. 이런 것을 생각하지 않고 음식을 섭취했을 때, 음식의 영양분이 내 몸속에 들어온 것처럼 독서도 마찬가지이다. 책을 꾸준히 읽다보면 책의 영양분이 내 삶 속에 자리 잡게 된다.

기억 속엔 없지만, 아이디어로 떠오른다

나는 독서에만 매진할 때는 스마트폰도 끄고 외부연락을 단절하고 책만 읽는다. 심지어 밥도 먹지 않고, 금식을 하면서 책에만 집중한다. 밥을 먹지 않더라도 뇌가 배부르다는 것을 느끼면 전혀 배고프지가 않다. 이렇게 열심히만 읽다가 어느 날 책을 읽고 기억하는 것에 의문이 들었다. 밥도 굶으면서 몰입하여 10권을 읽었는데, 책의 내용이 아무것도 기억나지 않았다.

독서에 대한 허탈감이 잠시 들 때 갑작스럽게 '위기관리메뉴얼'에 대한 아이디어가 떠올랐다. 이 날은 최효찬 작가의 5백년 명문가, 지속경영의 비밀을 읽은 날이다. 이 책에는 조선시대부터 5백년 이상이나 정통을 지켜온 명문가들을 소개한다. 명문가문에는 그들만의 위기관리법이 존재한다. 명문가를 만들기 위해서 우선 나만의 '위기관리메뉴얼'이 필요하다는 것을 느꼈다. 지난 날을 돌이켜보니 수 많은 위기들이 있었다. 20대 초반 암 수술부터 교통사고 등 수 많은 위기들이 존재했고, 그 위기들은 앞으로도 존재할 것이라는 생각이 들었다. 그런 위기들을 돌아보면서 그 위기들을 극복하는 나만의 방법을 7가지 매뉴얼로 다음과 같이 만들었다.

기성준 작가의 7가지 위기관리 매뉴얼

1. 위기를 통해서 먼저 나 자신의 잘못된 점을 찾아 회개한다.
2. 잘못을 고백하며 어떠한 위기라도 무조건 하나님께 감사함을 고백한다.
3. 위기를 극복할 수 있도록 새벽기도와 금식을 작정한다.
4. 목사님과 부모님, 주변지인에게 위기를 극복할 수 있도록 중보를 부탁한다.
5. 해결될 것이라는 믿음과 확신을 가진다.
6. 해결되지 않더라도 감사함을 고백한다.
7. 해결되더라도 절대로 자만하지 않는다.

책을 읽고 아웃풋의 정성이 필요하다

책을 읽는 행위는 인풋이다. 인풋으로만 끝나는 독서는 아무런 의미가 없다. 한 번만 읽어도 의미를 남기는 독서를 위해서 아웃풋이 필요하다. 인풋에서 얻어진 영감을 아웃풋으로 배출할 때 기억독서가 시작된다.

지금 이 책을 읽고 난 다음에 자신이 적용할 수 있는 것을 노트에 써보라. 우선 이 파트에서 소개한 자신만의 위기관리메뉴얼을 한 번 만들어보라. 자신이 본 것을 적용하고, 깨달은 것을 적용을 하는 것이다. 한 권의 책을 읽고 하나만 남겨도 된다.

일본의 카바사와 시온 작가는 《나는 한 번 읽은 책은 절대 잊어버리지 않는다》에서 기억에 남기는 4가지 아웃풋 방법으로 다음과 같이 소개한다.

① 책을 읽으면서 메모하고, 형광펜으로 밑줄을 긋는다.
② 책 내용을 다른 사람에게 이야기하고, 책을 추천한다.
③ 감상 글, 깨달음, 책 속의 명언을 페이스북이나 트위터에 공유한다.
④ 페이스북이나 메일 매거진에 서평과 리뷰를 쓴다.

저자는 이 4가지의 아웃풋 방법 가운데 일주일 이내에 3가지만 실천하면 이전보다 훨씬 더 기억에 잘 남는 것을 실감할 수 있다고 한다.

책을 읽고 아웃풋을 남기는 것은 정성이다. 결국 독서는 정성이 필요하다. 한 권의 책을 읽고 아웃풋을 남기는 정성을 통해 기억의 힘을 키울 수 있다. 책을 통해 자신의 삶을 바꾸기 위해서 얼마만큼 기억에 남기고 싶은가. 자신이 기억에 남기고 싶은 생각의 크기를 상상해보라. 그 크기만큼 자신의 삶에 적용되고, 아웃풋이 될 것이다. 기억에 남기고 싶은 생각의 크기 이상의 정성으로 아웃풋을 만든다면 책 이상의 가치를 깨달을 것이다. 더 나아가 자신의 삶을 바꿀만한 성장의 양분을 반드시 얻을 것이다.

기억독서법

2

기억독서를 돕는
리딩트레이닝

Reading

독서법의 정석!

대한민국은 공부하는 나라이다. 한국의 학생들은 다른 나라 학생들보다 더 많은 시간을 공부한다. 학교 정규 수업이 끝나더라도 방과후에 평균 6시간을 더 공부하는데, 일본 학생들은 4시간, 핀란드 학생들은 2시간을 공부한다. 학교 정규 수업 과정에 대해서는 엄청난 시간을 투자하면서 공부를 하고 있지만, 막상 자신의 인생에 대해서는 고민하지 않는다. 그저 정해진 법칙을 암기하고, 지시한 내용만 따르기 때문에 정작 자신의 인생에 대해서 고민하는 시간을 가지지 못한다. 대한민국 사회에서만 살면 아무런 문제가 되지 않지만 우리는 현재 글로벌 시대에 살고 있다. 대한민국에서만 비교하는 것이 아니라 세계적으로 통계를 비교하게 되는데, 세계적인 명문대를 졸업하는 인재를 배출하면서도 평화상을 제외하고는 세계적인 노벨상을 수상하지 못하는 것이 대한민국의 현실이다. 세계적인 상만 못 받으면 아무런 문제가 없다. 그런데 한국의 청소년과 성인 자살률이 세계적으로 높다는 것이 문제다.

인문학적 사고가 필요하다

독서모임에 나오는 한 회원의 자녀들이 청소년 시기에 인도에 있는 한 학교로 유학을 갔다. 그곳은 세계 각 나라에 지부가 있는 학교로, 미국과 유럽, 아시아 세계 각국의 학생들이 찾아오는 학교이다. 유럽의 청소년들은 잘 적응하는데, 아시아의 청소년들은 쉽게 적응하지 못한다고 한다. 기존 암기식 공부에만 익숙한 아시아권 청소년들이 인문학적 사고가 전혀 없어서 힘든 것이다. 그 중에서 제일 힘들어하는 부류가 한국 청소년들이다. 인문학적 사고를 갖추기 위해서 다들 책을 읽기 시작하는데, 독서력이 낮은 한국 청소년들이 쉽게 따라 잡지 못한다. 유럽의 아이들은 날씨가 좋으면 다들 잔디밭에 앉아 책을 읽는다. 아시아의 청소년들은 어릴 적부터 책을 읽는 습관을 가지고 있다. 한국이 청소년들만 유독 책 읽는 것이 힘들다.

윈스턴 처칠, 나폴레옹, 에디슨, 아인슈타인 등 수 많은 위인들은 공부를 못했다. 심지어 무능아 소리까지 들었다. 그들은 독서법을 통해서 인생의 전환점을 만나고 세계적인 위인이 되었다.

인생의 전환점을 만나기 위한 독서를 하려면 제대로 읽어야 한다. 문화체육관광부에서 '국민독서 실태조사'를 실시하였다. 성인들이 책을 읽는 이유는 '새로운 지식과 정보를 얻기 위해서'라고 한다. 그 다음으로 '교양을 쌓고 인격을 형성하기 위해서', '스트레스를 해소하고 마음의 위로와 평안을 위해서', '시간을 보내기 위해서' 순으로 나왔다.

책을 읽기 위해서는 다양한 이유가 있지만, 단순히 취미로만 하는 독서를 넘어서 자신의 삶을 바꾸는 진정한 독서를 위해서는 책을 읽는 전문적인 기술, 즉 독서법이 필요하다. 자신만의 독서법을 만들기 위해서는 다양한 독서법을 연구할 필요가 있다.

분야별 책 읽기를 추천하는 이유

첫 번째 책인 《독서법부터 바꿔라》를 집필하면서 독서법에 관한 다양한 책들을 접하였다. 독서법에 관한 책을 조사하면서 같은 주제인데도 서점과 도서관마다 책들이 다르다는 것을 알았다. 이후로 생긴 습관 중에 하나가 한 분야의 책을 살펴보기 위해서 3군데의 서점을 방문하고, 3군데의 도서관을 방문하는 것이다. 책을 배치하고 소개하는 것 역시 사서라는 사람이 하기 때문에 사람의 성향에 따라 서점과 도서관에서 소개하는 책이 다르다.

나는 독서법 책을 출간하기 전부터 독서모임을 진행하면서 독서법에 대한 강연을 하였다. 그 경험이 책을 출간하고 매년 200회 이상 강연을 하게 되는 원동력이 되었다. 책을 집필하기 전에 독서에 관한 강연을 하면서도 책 읽는 방법에 대해서 지속적으로 공부하고 연구를 하였다.

책을 집필하게 된 계기는 어떤 독서전문가의 강연에 참여하면서

이다. "독서법에 관한 책을 내지 않고 독서 강연을 하는 사람은 전문성이 떨어진다."라는 말을 듣게 되었다. 처음에는 이 말을 무시하였다. 나는 대학시절 독서지도를 전공으로 공부하였고, 독서지도전문자격을 받았다. 또한 다독을 통해 남들보다 많은 독서를 하였고, 각종 독서교육과 강연활동을 하였다. 이것은 나를 교만하게 만들었다. 작가들이 집필한 책을 평가하게 되고, 사람들의 독서수준을 평가하는 사람이 되었다. 책이 나오는 과정을 모르면서 말이다. 책을 2권 출간하고, 3번째 책을 집필하면서 과거의 모습을 반성하게 되었다. 이제는 다른 사람이 집필한 책에 대해서 절대로 비하하지 않는다. 책을 집필하면서 한 권의 책이 나오는 과정을 경험하면서 이전과 전혀 다른 독서를 시작하게 되었다. 책을 집필하고 책을 읽는 것과 책을 집필하지 않고 책을 있는 것은 차원이 다르다. 이 글을 읽는 이들 중에 책을 읽고 함부로 평가하는 사람들이 있다면 적어도 한 권의 책을 집필하고 난 다음에 평가를 하길 바란다. 이 말은 나 자신의 과거를 반성하면서 하는 말이다. 책을 수준 낮게 여기고 비하하던 과거의 모습을 반성하면서 다시 책을 읽었을 때 오는 감동이 달랐다. 그리고 진정한 독서는 마음가짐에서 출발한다는 사실을 깨달았다.

진정한 독서고수가 되는 마음가짐

진정한 독서고수는 책을 읽고 나서 절대로 비하하지 않는다. 그들은 한 권의 책이라도 배울 것이 있다면 겸손하게 배운다. 이런 겸손한 자세에서 진정한 독서법이 시작된다. 단순히 책을 빨리 읽거나 많이 읽는 것은 진정한 독서법이 아니다. 겸손한 마음가짐이 가장 중요하다. 이런 마음이 없으면 백 권, 천 권을 읽어도 무의미하다. 자신의 지식을 확장하기 위해서, 교양을 채우기 위해서 책을 읽는 것은 욕심이다. 이 욕심은 남들에게 잘난 척하거나 자랑하기 위해서 책을 읽는 행위이다. 이것은 결코 제대로 된 독서법으로 성장하지 못한다.

이러한 욕심은 혼자 독서를 해서 문제가 생기는 것이다. 그래서 나는 책에서든 강연에서든 계속해서 독서모임에 참여하라고 권장한다. 내가 무의미하게 여기며 지나쳤던 책이, 혹은 비판했던 책이 누군가의 삶을 바꾸는 책이 될 수도 있다. 나는 아무런 영감 없이 무미건조하게 읽었던 책이 누군가에게는 혁신을 가져다준 책이 되는 경우도 있다. 내가 아무런 감흥 없이 지나쳤던 책이 누군가의 삶을 바꿨다는 사실을 알게 되면 나 스스로를 부끄럽게 느낄 때가 있다.

독서고수들과 만나서 대화를 하다보면 어떤 책이든 칭찬하기 일색이다. 책을 비판할 시간이 없다. 그들은 어떤 책이든 다른 사람들에게 추천해주고 싶어 한다. 그리고 그 책을 읽고 함께 나누고 싶어 한다. 독서법의 정석은 마음가짐에서 시작한다. 이 글을 읽는 모든 사람들이 겸손한 마음을 가지고 진정한 독서고수로 거듭나길 기대한다.

리딩을 돕는 마인드업

기억독서법 2에서는 기억독서를 돕는 리딩트레이닝을 소개한다. 여기서 소개되는 리딩트레이닝은 분명 독서력을 키우는 것에 큰 도움이 될 것이다. 통합적 독서를 넘어서 입체적, 공감각적 독서를 시작할 수 있다.

  꾸준히 책을 읽으면 독서력이 생긴다. 독서력을 가지고 있는 CEO나 리더들과 대화를 하면서 알게 된 사실은 그들은 딱히 독서법에 대해서 배우거나 연구한 적이 없다. 많은 양의 독서를 통해 독서법을 자연스럽게 습득한 것이다.

  꾸준히 책을 읽는다면 누구나 독서고수가 될 수 있다. 다만, 독서 입문자들이 여러 가지 시행착오를 통해서 독서법을 습득하는 것은 시간이 오래 걸린다. 그래서 독서법에 관한 책들을 읽으며 배울 필요가 있다. 나는 독서법에 대한 책만 100권이 넘게 읽었고, 2번째 책을 집필하고 있다. 이 책에서 소개되는 여러 가지 스킬들을 잘 익힌다면 반드시 단 시간에 독서력을 성장시킬 수 있다.

독서는 최고의 투자였다

독서에 입문하던 시절에는 집안 구석구석에 겨우 몇 쪽을 읽었거나 읽지 않은 책들이 바닥에 펼쳐있어 정신이 없었다. 책을 사서 보는 것은 좋은 습관이고, 미래를 위한 투자라는 것을 자주 들어서 읽는 책의 양보다 사는 책의 양이 훨씬 많았다. 결혼을 하기 전에는 부모님이, 결혼하고 나서 아내가 집에 책을 그만 들고 오기를 원했다. 지금에야 독서와 집필을 통해서 경제활동을 하고 있지만, 이전에는 걱정거리만 안겨다 주었다.

당시 미래에 대한 확신이 있었지만, 그래도 마음 한 구석에는 약간의 의구심이 있었다. '과연 지금처럼 책을 읽어서 사회 활동을 제대로 할 수 있을까?'라는 마음이 당연히 있었다.

결과적으로는 이전에 걱정거리가 넘쳤던 삶보다 훨씬 성공한 삶을 살아가고 있다. 20대에는 계약직에 전전긍긍하며 살던 시절이 있었다. 30대가 되어서는 책을 3권이나 집필하고, 전국을 다니며 강연활동을 하고 있다. 또 사람들의 삶을 코칭하는 컨설턴트로 살아가고 있다. 20대처럼 어딘가에 계약되어 있거나 연봉이 보장되어 있지는 않지만 분명한 것은 내 삶에 대한 확신이 더 커졌다는 것이다.

마인드로 10권을 읽는다!

책을 읽는 분명한 목적이 필요하다. 한 권의 책을 읽더라도 어떤 목적과 가치를 가지고 있느냐에 따라서 얻어지는 결과물이 다르다.

이 책을 통해 이루고자 하는 목적은 무엇인가?
이 책은 나에게 얼마나 중요한가?
나는 이 책에 얼마만큼 가치를 부여하고 있는가?

독서와 자기계발을 통해 배운 것 중 가장 중요한 것은 바로 마인드이다. 리딩을 돕는 마인드가 있고, 글쓰기를 돕는 마인드가 있다. 또한 삶을 깨우는 마인드, 꿈을 찾고 이루게 하는 마인드가 있다. 자신의 아픈 과거를 되돌아보면 걱정거리만 떠오르지만, 그 걱정거리는 삶을 살아 가는 데 아무런 도움이 되지 않는다. 오히려 걱정거리들이 생기면 그것을 연료로 삼아 마인드를 더욱 강하게 만들어야 한다.

불과 10년 전에는 한 권의 책을 읽는 것도 버거워 했다. 독서모임을 통해서 한 주에 한 권 이상 읽는 사람들과 하루 한 권을 읽는 사람들을 만나며 분명 다른 세계가 있다는 것을 알았다. 독서에 입문하고 어느 정도 독서력을 가지고 첫 번째 책을 집필하면서 하루 10권 이상의 책을 읽는 경험을 하게 되었다. 뒤돌아 보면 이전에 나도, 지금의 나도 똑같은 사람이다. 다만, 여러 가지 훈련을 통해 얻어진 노하

우와 축척된 독서력을 통해서 지금의 수준까지 이르렀다. 나는 절대로 특별한 사람도 아니며, 특별한 능력을 가지고 있는 것도 아니다. 평범한 사람들과 다른 마인드의 차이이다.

의식을 깨우는 구호를 외쳐라!

내가 진행하는 미라클독서모임은 '기적공장'이라는 뜻을 가진 미라클팩토리 강연장에서 교육을 한다. '기적공장'이라는 말에 걸맞게 모임을 마치면 항상 "나는 기적이다!"라는 구호를 외친다. 토요일 아침 독서모임에 20대 대학생인 박수강이라는 청년이 참석하여 독서모임이 너무 정적으로 끝나는 거 같다는 의견과 함께 구호를 정했다. 처음 구호를 할 때는 모두가 어색해하고 민망함을 감추지 못했으나, 구호와 함께 점점 기적을 만드는 마음을 가지기 시작했다. 어떤 기업에서는 신입사원들을 대상으로 "할 수 있다"라는 성취적인 구호를 외치게 하는데, 이 구호를 외치고 나갈 때에 판매 실적이 서너 배 이상이 된다고 한다.

이것은 책을 읽을 때도 적용이 된다. 독서를 하기 전 "나는 세계최고의 독서가이다!"라는 구호를 외치고 책을 읽는다. 구호를 통해 잠자고 있는 의식을 깨우는 것이다.

누구나 독서 천재가 될 수 있다. 지금은 한 권의 책도 읽기 힘들어하는 사람도 꾸준히 책을 읽고 리딩트레이닝을 한다면 하루에 10권 이상의 책을 읽을 수 있다. 그러기 위해서 잠들어 있는 의식을 깨우고, 자신의 의식을 더욱 강화시켜야 한다.

마인드업! 모든 의식을 깨워라

리딩트레이닝에서 소개되는 여러 가지 활용법을 배우기 이전에 가장 필요한 것이 마인드업이다. 자신이 책을 빨리 읽을 수 있다는 생각, 책 속에 담긴 엄청난 정보를 다 습득할 것이라는 마인드가 필요하다.

김대우 영화감독은 독서관련 다큐멘터리에서 이렇게 인터뷰를 하였다. "내가 만일 고래라면 허기를 채우기 위해 입을 넓게 벌리고 최대한 많은 플랑크톤을 끌어들이는 기분이다. 자신의 배를 채울 수 있는 큰 고기는 없을 것이다. 그러니 최대한 많이 빨아들여서 내 능력의 단단함 체력의 단단함을 기르기 위함이다."

눈을 감고 잠시 명상을 통해 집중할 수 있는 모든 의식을 모아야 한다. 이 세상의 어떤 책도 내 삶을 채울 수 없으니 더 빨리 더 많은 책을 읽겠다는 마인드를 가지고 책을 읽는 것이다. 의식을 깨우는 순간 책이 가슴으로 빨려 들어오기 시작할 것이다.

집중력을 강화시키는 Tool(집중력 강화 I)

미라클독서모임은 월요일 아침독서모임을 시작으로 1주일에 5번 정도 모임이 진행된다. 모임의 성향에 따라 참여자들은 다르지만, 스텝은 모든 프로그램에 매번 참여한다. 보통 한 주에 3~4권의 책을 나누게 됨으로 스탭들은 한 달이면 10권 이상의 책을 읽게 된다. 10권으로 끝나는 것이 아니라 다음 달 나눌 책도 선정해야 되기에 남들보다 2배 이상의 독서를 해야 한다.

그러기 위해서 2주에 한 번 정도 서점을 방문한다. 신간 서적이나 베스트셀러를 분석한다. 신간을 분석하기 위해서는 한 권의 책을 전체 보기를 한다.

전체 보기는 나무가 아닌 숲을 보는 것이다. 숲 속의 나무를 하나씩 자세히 보는 것이 아니라 전체적인 풍경을 보는 것이다. 여행을 떠나기 전 지도를 펼치면 전체적인 길을 살펴보는 것과 같다. 미리 여행길 지도를 보면 그날의 여정이 어떤지 미리 알 수 있다. 책을 읽기 전에 전체 보기를 통해서 책의 흐름을 파악하고 나면 나중에 책을 읽을 때 퍼즐 조각이 맞춰지듯 독서가 한결 쉬워진다. 전체 보기를 훈련하면 속독은 자연스럽게 익힐 수 있다.

전체 보기 1단계 목차읽기

책을 구매하기 전에 우선 목차읽기를 통해 전체 보기를 훈련할 수 있다. 전체적인 목차를 보며 흥미로운 소제목의 페이지를 펼쳐서 먼저 읽는 것이다. 한 권의 책에서 4~5개의 목차를 따라 읽어도 책이 흥미로운 여부를 알 수 있다.

전체 보기는 책을 구매하는 것을 절약하게 해준다. 독서가들이 실수하는 것 중에 하나가 책표지만 보고 구매하는 것이다. 화려한 책표지와 달리 내용은 흥미롭지 못한 것이 많다.

나는 빌게이츠가 추천한 도서라고 해서 무조건 적으로 구매했다가 아무런 도움을 받지 못했던 적도 있다. 물론 모든 책은 누군가에게는 도움이 되는 책이지만 개인의 성향에 맞는지 전체 보기를 통해서 판단할 수 있다.

전체 보기 2단계 속도조절기 활용

책을 구매하고 나면 제일 먼저 해야 할 것은 책의 가운데를 눌러서 판판하게 펴는 일이다. 책 처음부터 끝까지 골고루 펴주면서 뻣뻣한 새 책을 부드럽게 만들어서 넘기기 쉽게 만든다.

왼손 집게손가락인 검지로는 오른쪽 페이지 윗부분을 한 장씩 넘긴다. 오른손 검지로는 한 줄씩 밑줄 그으면서 읽는다. 속도 조절기는 독서력을 저하시키는 음독과 퇴행을 고치게 한다.

내면의 음독

독해력을 방해하는 가장 나쁜 습관은 바로 내면의 음독이다. 일명 '하위발성읽기'라고 하는데, 눈으로 책을 읽으면서 분명 입으로 소리는 내지는 않지만 속으로 읽는 것이다. 내면의 음독은 어린 시절 국어시간에 생긴 버릇이다. 초등학생 시절, 교과서를 읽을 때 예문이 나오면 선생님의 지시로 한 명이 예문을 발표한다. 또박또박 읽다가 발음을 틀리면 다시 읽어야 한다. 반의 아이들은 대표로 발표하는 아이의 속도에 맞춰서 글을 읽는다. 이 때부터 생긴 버릇은 성인이 되어서도 책을 읽을 때 속으로 읽고 있다. 눈으로 빨리 읽고 싶어도 음독의 속도가 늦으면 책 읽는 속도가 느리다.

포토리딩이나 파워리딩을 전수하는 서양의 경우도 어릴 적부터 반복적으로 발음을 연습하는 파닉스가 독해력을 저하시키는 습관이라고 한다.

퇴행

내면의 음독과 함께 독해력을 떨어뜨

리는 또 다른 하나가 퇴행이다. 퇴행은 책을 읽는 속도를 늦춘다. 정신을 집중하고 책을 한 권의 읽었는데, 오히려 아무것도 기억나지 않은 경험을 해보았을 것이다. 이는 퇴행하는 뇌 때문에 기억이 뒤죽박죽 된 것이다. 퇴행이란 책을 읽을 때 눈은 오른쪽으로 글자를 읽지만, 뇌는 왼쪽으로 다시 재분석한다. 눈은 한 파트를 읽었는데, 머릿속에서는 내용이 뒤죽박죽이 되어서 기억력을 떨어뜨린다. 음독과 함께 독해력을 저하시키며, 읽은 내용을 다시 보는 데 절반을 허비하는 경우도 있다.

집중력을 강화시키는 Tool(도구)인 속도 조절기는 음독과 퇴행의 버릇을 고치게 한다. 먼저, 우리의 눈과 뇌는 많은 것을 받아들이고 있다는 사실을 알아야 한다. 지나가는 행인이 편의점이나 약국을 물었을 때 길을 누구나 그 동네 편의점이나 약국을 설명할 수 있다. 자신이 편의짐이나 약국에 일을 하지 않고, 평소 유심히 보지 않아도 설명할 수 있다. 버스를 타고 지나가면서, 또 걸어가면서 스쳐지나간 것을 본 것이다.

집중력을 강화시키는 메트로놈 속도조절기

손가락으로 밑줄 긋기의 다음 단계는 펜을 활용해서 연습하는 것이다. 지하철이나 움직이는 버스 안에서 독서를 할 때 펜으로 속도를 조절해서 책을 읽으면 집중력이 높아진다.

속도조절기는 마치 피아노를 연습할 때 메트로놈을 활용해서 박자를 맞추는 것이다. 조절기를 통해서 속도가 느려지지 않는다는 전제아래 일정한 속도로 읽다보면 음독과 퇴행의 나쁜 버릇을 고칠 수 있다. 속도조절기는 전체 줄긋기를 시작으로 아래처럼 줄의 길이를 점점 줄이면 된다.

| 전체 줄긋기 | 3분의 2 줄긋기 | 절반 줄긋기 | 3분의 1 줄긋기 | 점찍기 |

마음 속 줄긋기를 시작하라!

독서습관을 가지고, 독해력을 높인 다음에야 기억독서를 할 수 있기에 훈련이 필요하다. 우리는 글을 배우고, 낭독하고, 음독을 하는 능력은 자연스럽게 습득을 한다. 문제는 그 다음 방법을 모른다는 것이다. 낭독에서 음독으로 넘어가서는 낭독의 수준으로 책을 읽는다. 독서의 속도가 변하지 않고, 이해력도 떨어지는 것이다. 이해력이 떨어지면 아무리 책을 기억하려고 해도 수준이 떨어진다.

줄긋기의 훈련이 어느 정도 끝나면 손가락으로 중간의 점을 찍고 마음속으로 줄긋기를 시작해라. 독서를 돕는 Tool(도구)는 훈련을 위해서 필요한 것이지, 어느 정도 수준에 이르면 없애야 한다.

빨리 읽기에 대한 편견을 버려라!

독서량을 높이기 위해서는 책에 대한 편견을 없애야 한다. 나폴레옹은 책을 완독하고 나서 머리 뒤로 던졌다. 책을 던진 의미에 대해서는 불분명하지만, 책에 대한 편견이 없는 사람이었다. 이집트 원정길에서도 1,000권의 책을 들고 출정한 것을 보면 책에 대한 편견이 없는 엄청난 독서가였다.

니는 책을 사면 제일 먼저 책에 달린 홍보용 띠지는 제거한다. 작가가 되기 전에는 책에 달린 띠지를 굉장히 아꼈다. 책을 읽다가도 띠지가 구겨지지 않는지 신경 쓰기도 했다. 띠지는 저자의 의도와 전혀 상관없이 출판사에서 홍보용으로 제작한 것이다. 독서를 할 때 방해만 될 뿐이다. 필자도 작가가 되고나서 알게 된 사실이다.

진정한 독서가가 되기 위해서는 책을 덮을 줄 아는 용기가 필요하다. 하버드대와 옥스퍼드대 학생들은 책을 처음부터 끝까지 다 읽어야 한다고 생각하지 않는다. 유독 독서량이 적은 대한민국 대학생들은 처음부터 끝까지 다 읽은 책만 읽었다고 인정하지만, 하버드대와 옥스퍼드대 학생들은 필요한 부분만 골라 읽어도 다 읽은 것으로 친다. 1권의 책에서 50페이지만 읽어도 읽은 책으로 당당하게 연간 독서 목록에 올라간다. 책 속에 중요한 핵심은 10%도 안 되는 경우가 있다.

> 책에서 중요한 의미는 전체 분량에서 겨우 4~11%에 불과하다. 실제로 그는 매 다섯 단어마다 네 단어를 지우고 책을 읽도록 했다. 그런 다음, 저자가 말하고자 하는 내용을 요약할 수 있는지 물었다. 실험에 참여자 대부분의 독자들은 요약할 수 있었다.
>
> 《사고의 과정으로서 독서법 가르치기》 러셀 스타우퍼

내면의 음독과 퇴행을 벗어나면 단어읽기와 한 줄 읽기, 문단읽기, 원페이지리딩 단계가 있다. 이렇게 빠른 책 읽기를 진정한 책 읽기라고 생각하지 않는 사람들이 있다. 책 읽기의 편견을 가졌기 때문이다.

책 읽기의 편견
① 한 단어씩으로만 읽어야 한다.
 "우리는 단어로 읽는 것이 아니라 의미로 읽는다."
② 분당 500단어 이상으로 빠르게 읽는 것은 불가능하다.
 "독서가가 아닌 일반적인 사람들도 한 번에 6개의 단어를 읽을 수

있다."

③ 빠르게 읽으면 집중력이 떨어지고, 아무것도 이해할 수 없다.
"속도가 빨라지면 뇌에 대한 자극이 증가하여 집중력을 높인다. 빠르게 읽는 것이 책에 더 집중하게 하며 의미를 더 많이 이해하게 된다."

> 뇌는 분당 약 800단어에서 1,400단어 정도를 처리할 수 있습니다. 따라서 이론적으로는 1분 동안 1,400개의 다른 생각들이 떠오를 수도 있습니다. 사람들의 읽기 속도는 보통 분당 200단어입니다. 즉, 우리가 읽는 중에도 뇌는 다른 생각을 할 여유가 있다는 뜻입니다.
>
> 뇌의 빈 공간을 채우는 한 가지 방법은 정보를 빨리 기록하는 것입니다. 만약 여러분이 분당 300, 400 또는 500단어를 읽기 시작하면 딴생각을 할 공간이 없어집니다. 결과적으로 여러분의 집중력이 향상되고 이해도도 높아져서 정보를 더 잘 기억하게 됩니다.
>
> 무엇이든 균형을 찾는 것이 중요합니다. 만약 글을 너무 빠르게 읽으면 더 이상 내용을 이해하지 못하게 되고, 너무 느리게 읽으면 계속 주의력이 분산됩니다.
>
> 《기적의 기억 교과서, 유즈클락 기억법》 마크 티글러

눈은 0.01초 만에 5개의 단어를 기록할 수 있다. 또한 한 번에 3~5개나 되는 단어를 이해할 수 있을 정도로 확장될 수 있다.
한 글자씩 느리게 읽는 것보다 여러 개의 단어들을 묶어 읽는 것이 더 이해하기 쉽다. 문장을 읽을 때 단어의 개별 의미를 읽는 것이 아니라 전체 의미를 읽는 것이기 때문이다.
우리가 읽은 내용을 기억하려고 노력하는 것은 책 내용을 이해하는 데에는 방해가 된다. 세부적인 사항들을 잊어버리지 않을까 고민한다면, 우리는 자신의 이해를 가로막는 불안이라는 장벽을 만들게 된다.

《센스있게 책읽기》 프랭크 스미스

속도를 높이지 못하는 이유 중에 하나가 앞에 읽은 내용을 놓쳤다는 생각 때문이다. 앞의 내용을 100퍼센트 이해하지 못했다는 생각이 막연하게 불안해진다. 빨리 읽다가 감동이 오는 부분이나 다시 읽고 싶은 부분이 있는데, 책 읽기를 멈추면 속도가 늦춰질까하는 생각이 있다. 이 부분을 해소하기 위해서 《독서법부터 바꿔라》에서 소개한 흔적 남기기를 추천한다.

기억을 돕기 위해서 흔적을 남길 필요가 있다.
1. 살짝 접어서 흔적을 남긴다.
2. 접은 흔적을 따라 밑줄을 긋는다.

3. 밑줄을 그은 곳에 띠지를 붙인다.

《독서법부터 바꿔라》 기성준

나는 책을 읽는 것과 표시하는 것을 구분한다. 빨리 읽다가 표시를 하게 되면 집중력이 흐트러지기 때문이다. 책을 읽을 때는 다시 읽어야 할 부분은 페이지 위쪽을 살짝 접어 놓는다. 그리고 이해하지 못한 부분은 페이지 아래쪽을 살짝 접는다. 그 다음에 표시할 때는 접은 흔적을 따라 집중적으로 살펴본다. 아래쪽을 접힌 부분을 찾아가서 이해가 되지 않는 것을 신중하게 읽는다. 그 부분이 감동이 되면 아래쪽 접힌 부분을 펼치고, 위쪽을 접게 된다.

아래쪽 접힌 부분을 다 읽고나면, 위쪽 접힌 부분을 찾아가서 줄을 긋는다. 필요에 따라서 띠지를 붙이고, 필사를 하기도 한다. 그렇다고 너무 기억하려고 하지는 않는다. 이제부터 독서력을 높이기 위해서 책을 읽는 것과 표시하는 것을 구분하여 독서를 시작해보자.

다양한 4차원 리딩트레이닝(집중력 강화 Ⅱ)

왠지 모르게 읽었던 책들과 읽고 싶은 책을 집었다. 15권정도 되는 책을 책상위에 쌓았다. 아무 생각 없이 책을 읽기 시작했다. 한 권, 두 권, 다 읽은 책을 쌓아 올렸다. 읽었던 책이 읽지 않은 책과 높이가 같아질 무렵 책 속에 깊숙이 빠져들기 시작하였다. 책의 바다에 뛰어든 것이다. 책과 내가 하나 되는 느낌, 더 나아가 책을 읽고 있는 나 자신이 보이는 듯하고, 내가 작가를 직접 만나서 대화를 나누는 것과 같은 환상적인 시간이었다. 한참 책에 빠져 있을 때, 누군가 나를 흔들며 불렀다.

"저기요, 도서관 문 닫을 시간이에요."

아침부터 시작한 독서는 점심시간을 훨씬 지나, 도서관이 문 닫을 시간이었다. 그때 읽은 책의 권수는 12권 정도였다. 책을 읽는 동안에는 배고픔도 몰랐고, 주위에 누가 있었는지도 몰랐다. 심지어 도서관 사서도 몇 번이나 불렀다고 한다. 기억으로는 책을 읽기 전 아침이었다는 것과 도서관 사서가 흔들 때는 어두운 밤이었다는 것이다. 그렇게 시간이 가는 지도 모르게 독서에 몰입하였다.

《독서법부터 바꿔라》 기성준

《독서법부터 바꿔라》에서 리딩타임의 개념을 제시한다. 리딩타임이란 책을 읽을 때 집중하는 시간이다. 리딩타임의 시간을 체크할 때는 다른 생각을 해서도, 카카오톡 메시지를 확인해서도 안 된다. 처음 독서를 입문하는 대부분의 사람들이 10분도 되지 않는다. 책을 읽는 집중력이 높지 않다. 리딩타임을 높이는 훈련만 제대로 하여도 한 권의 책을 읽을 때 시간이 오래 걸리지 않는다.

자신이 책을 읽을 때 모습을 생각해보자. 한 권의 책을 읽을 때, 온갖 잡다한 생각을 가지고, 스마트폰 메시지를 확인하고 있지 않는가. 책 읽을 시간만큼만 스마트폰은 항공모드로 만들거나 잠시 꺼놔도 된다. 잡다한 생각도 독서 후로 미뤄놔도 된다. 한 권의 책을 읽을 때 집중력만 높인다면, 책을 읽고 나서 하는 일의 능률도 쉽게 오를 수 있다.

리딩타임을 높이기 위해서 의미단위로 읽는 생산적인 독서법이 필요하다. 책을 읽는 것은 한 글자씩 글자 전부 읽어내는 비생산적인 행위가 아니다. 의미단위로 읽는 것이다. 캠브릿지 대학교에서 실시된 독서의 흥미로운 연구내용을 살펴보면 구체적으로 알 수 있다.

> 캠릿브지대학의 연결구과에 따르면,
> 한 단어 안에서 글자가 어떤 순서로 배되열어 있는가 하것는은
> 중하요지 않고,
> 첫째번와 마지막 글자가 올바른 위치에 있것는이 중하요다고 한다.
> 나머지 글들자은 완전히 엉진망창의 순서로 되어 있지을라도
> 당신은 아무 문제없이 이것을 읽을 수 있다.
> 왜하냐면 인간의 두뇌는 모든 글자를 하나하나 읽것는이 아니라
> 단어 하나를 전체로 인하식기 때이문다.

아무 생각 없이 읽으면 글자의 배열이 문제가 있어도 전혀 문제가 없다. 이 연구결과를 통해서 책을 읽으며 글자 하나하나를 읽는 것은 불필요한 행위라는 것을 알 수 있다.

앞서 책을 읽는 조절기 훈련을 소개하였다. 조절기를 통해 메트로놈 훈련을 1차적인 훈련과 빨리 읽기에 대한 편견을 버리고 난 후 그 다음 단계의 훈련이 필요하다. 다양한 4차원 입체적인 훈련이다.

4차원 독서훈련 1단계, S자, Z자, 직선 훈련

조절기를 통해 한 줄 씩 읽으며 내려오는 것을 훈련했으면, 다음 단계는 줄의 간격을 넓혀야 된다. 첫 번째로는 S자 모양으로 내려오면서 시야를 넓히는 것이다. 훈련을 통해 시야가 점점 늘어나면 Z자 모양으로 문단씩 읽는다. 이때는 이해가 되지 않는 부분이 나오면 다시 봐도 좋다. 그리고 한 줄 중간에 꼭짓점을 잡고 아래쪽으로 직선으로 내려온다.

4차원 독서훈련 2단계, 한 단어, 두 단어, 한 줄, 한 문단 훈련

캠브릿지 대학의 연구내용에서 알 수 있듯이 한 글자씩 읽는 것은 비생산적인 독서다. 한 단어씩 의미단어를 읽을 수 있다. 처음 한 페이지는 한 단어씩, 그 다음 페이지는 두 단어씩 읽는 훈련이 필요하다. 어느 정도 훈련시간을 가진 뒤에는 한 줄씩, 한 문단씩 읽기 훈련을 하면 책이 빨리 읽을 수 있다.

4차원 독서훈련 3단계, 입체적 독서(처음부터 끝까지, 거꾸로 읽기, 책을 뒤집어서 읽기)

입체적인 독서란 마치 청소기가 먼지를 빨아들이듯이 책을 읽을 때 책 속의 글자들이 눈 속으로 빨려 들어오는 것과 같은 환상적인 책 읽기이다. 입체적인 독서를 위해서는 우뇌를 자극시켜야 한다. 우뇌를 자극시키기 위해서 2페이지를 처음부터 끝까지 읽고 나서, 2페이지 끝부분부터 다시 처음까지 읽는다. 그리고 다시 처음부터 끝까지 읽고는 책을 뒤집어서 읽어본다. 거꾸로 읽기와 뒤집어서 읽기는 우뇌를 자극시키면서 읽었던 글자의 조각이 다시 맞춰지는 경험을 할 수 있다. 이 훈련은 조절기 훈련과 4차원 독서훈련을 꾸준히 실시한 후에 진행하는 것이 좋다.

독서수준이 어느 정도 높아지더라도 4차원 독서훈련은 필요하다. 필자는 독서법 책을 두 번째로 집필하고 있으면서도 이 훈련은 꾸준히 하고 있다. 나는 매년 명절이 되면 가족들에게 양해를 구하고 하루 종일 책만 읽는 시간을 가진다. 이 시기에 꾸준히 반복해서 읽는 책들이 있다. 이 책들은 수십 번 넘게 읽었으며, 심지어 신혼여행 기간에도 3권의 책을 읽었다. 백 번을 반복해서 읽은 책도 있다.

반복 독서는 책을 빨리 읽는 것을 돕고, 책을 기억하는 것도 돕는다. 우리는 4차원 독서훈련을 위한 책을 선정하기 위해서라도 다독을 해야 한다. 독서력을 높이기 위해서 반복해서 읽어도 지겹지 않을 책이 필요하다.

독서력이 없으면 결코 성장할 수 없다. 독서력을 갖춘 진정한 독서가로 성장하기 위해 4차원 훈련을 꾸준히 실천하길 바란다.

기억독서법

3

기억독서법의 기술

Reading

독서는 씨앗을 심는 것이다

독서에는 왕도가 없다. 괴테는 "나는 독서하는 방법을 배우기 위해 80년이라는 세월을 바쳤는데도 아직까지 그것을 다 배웠다고 말할 수 없다."라고 고백하였다. 대문호 괴테가 독서를 모르겠다고 할 정도면, 감히 누가 독서에 대해서 논할 수 있는가.

나는 책을 읽는 것을 나무를 심는 것으로 비유하고 싶다. 한 권의 책이 씨앗이 되어 마음에 심으면 뿌리내려 싹이 트고, 나무로 자란다. 나무가 잘 자랄 수 있는 방법과 또 나무로 자라기까지 시간이 필요하듯이 책을 읽을 때에도 책을 읽는 독서법과 책을 잘 읽을 수 있는 시간이 필요하다.

마음의 서재 땅 고르기

책을 잘 읽기 위해서는 마음 밭을 고르는 일부터 시작해야 한다. 독서는 책을 준비하는 과정에서부터 시작된다. 제대로 된 쌀을 얻기 위해서는 모내기하기 전 땅을 고르는 일부터 시작된다. 독서는 책을 준비하는 마음의 밭을 가꾸는 것부터 시작된다. 마음에 어떤 생각을 가지고 책을 읽느냐에 따라서 책을 제대로 읽는 것과 제대로 읽지 않는 것의 차이가 있다.

소개팅을 하거나, 중요한 손님을 만나기 전에는 마음가짐이 달라진다. 이와 같이 책을 단순히 텍스트를 읽는 것을 넘어서 사람과의 만남으로 생각해보라. 책을 집필한 작가와 만난다고 했을 때, 마음가짐과 자세가 달라질 것이다. 책을 읽으면 잠이 온다는 사람들의 경우 마음가짐과 자세에서 문제가 있다. 책을 읽기 전 자신의 자세를 한 번 뒤돌아보라. 마음가짐과 자세에 따라서 책에서 얻어지는 영감과 아이디어가 달라진다.

한 달에 4권의 책 씨앗심기

책을 몇 권 읽어야 전문가가 되고, 독서고수가 될 수 있을까. 괴테의 말을 보면 독서의 절대고수는 존재하지 않는다. 1년에 100권을 읽었다 하더라도 시간이 지나고 책을 읽지 않으면 아무 소용이 없다. 나는 본격적으로 책을 읽기 시작한 시점이 20대이다. 10대에는 공부도 안 했고, 책도 안 읽었기에 20대가 되어서 책을 손에 잡는 것이 무척 힘들었다.

고등학교 시절에 단짝 친구가 매일 책을 읽는 모습이 떠올랐다. 물론 판타지 소설이었지만 하루에도 한 권 이상 책을 읽고 한 주에 수십 권의 책을 읽었다. 작가가 되고 독서법 강사가 되고 난 후 고향에서 만날 기회가 있었다. 과거의 모습을 칭찬하며 책을 읽고 있냐는 질문을 하니 지금은 책을 읽지 않는다고 하였다. 과거에 책을 읽었던 사람이라 하더라도 꾸준히 책을 읽지 않으면 아무 소용이 없다.

나는 1주일에 한 권 읽기를 권한다. 1주일에 한 권만 읽어도 1년에 52권의 책을 읽을 수 있다. 한 달에 4권만 읽어도 된다. 책 읽기가 자신의 삶에 너무나 과중한 숙제가 되어서는 안 된다. 꾸준히만 읽어도 성장하며 성공할 수 있다. 마치 물방울이 계속 떨어져 바위를 뚫듯이 꾸준한 독서는 마음속의 모든 장벽을 뚫을 수 있다.

기억독서법의 싹을 틔우기

독서를 방해하는 요소를 없애야 한다. 지금 우리는 스마트폰과 미디어 세상에 살고 있다. 이런 시대에 책을 읽는 것은 참 어려운 일이다. 조정래 작가는 '태백산맥'을 쓸 당시에는 라디오를 듣거나 다이얼로 채널을 바꾸는데 1분을 기다리던 시대였다. 다음 책이 나올 때는 라디오를 시작으로 영화, 컬러 TV, 컴퓨터와 대결하였다. 그리고 최근 《풀꽃도 꽃이다》를 출간하면서 스마트폰과 대결하게 되었는데, 이전의 어떤 도구보다 스마트폰이 독자를 가장 많이 빼앗아 가는 강력한 힘을 갖고 있다는 인터뷰를 하였다.

스마트폰을 이길 수 없다. 이 말을 전제하고 책을 읽는 시간만큼은 잠깐 스마트폰을 보지 않는 것이다. 그리고 책을 읽으면 한 권의 책이 깊이 뿌리내려 싹을 틔울 수 있다.

기억독서법의 나무 가꾸기

　　　　　　　　　세상에는 완벽한 독서법이란 존재하지 않는다. 독서법 책을 출간하고 독서법에 대한 강연을 하고 있지만, 끊임없이 독서법에 대해서 공부하고 있다. 다양한 방법의 책 읽기가 세상 속에 존재한다. 독서법의 분야에서 어떤 이는 빨리 읽기를 권하고, 또 어떤 이는 천천히 읽기를 주장한다. 한쪽으로 치우치지 말고 다양한 방법을 배워보라. 다양한 방법을 공부하고 연구하는 것은 창의성을 키워주기에 도움이 된다. 기억을 남기는 독서법을 위해서라도 다양한 독서법을 배우고 습득해야 한다. 진정한 독서법을 위해서 괴테처럼 평생 고민을 해도 풀리지 않을 것이다. 다양한 독서법을 연구하고 습득하면서 자신만의 독서법으로 만드는 과정이 필요하다.

기억독서법의 열매 맺기

　　　　　　　　　　나무가 잘 자랄 수 있는 환경이 있듯이 기억하기 위한 독서를 시작해야 한다. 첫 번째 책《독서법부터 바꿔라》를 출간하고 독서법 강연을 100번 이상 하였다. 그곳에서 대부분 질문은 어떻게 하면 책의 내용을 잘 기억할 수 있냐는 것이었다. 많은 사람들이 책을 읽고 기억하는 기술에 대해서 관심이 많다는 것을 알았다. 모든 책을 읽고 기억을 하면 천재이거나 아니면 두뇌에 문제가 있다. 그만큼 책을 읽고 기억하는 것이란 어렵다는 것이다.

독서를 할 때 눈으로 하는 것으로 끝나는 것이 아니라 눈으로 보고, 손으로 쓰고, 마음으로 새기는 것이 필요하다. 기억을 남길 수 있는 다양한 아웃풋을 활용하여 기억을 남길 수 있다.

기억의 열매 나누기

이 책을 읽고 당장 해야 할 것은 독서모임에 참여하라는 것이다. 책을 읽는 사람은 리더가 된다. 독서모임은 리더들이 모이는 모임이다. 나는 7년 째 독서모임에 참여하고 있다. 인터넷에 자신이 사는 지역에서 진행하는 독서모임을 검색하여 참여해보라. 독서모임을 통해서 변한 사람들이 많다. 이 글을 집필하고 있는 기성준 작가와 진가록 작가가 대표적인 예다. 주변에 독서모임이 없다면 독서모임을 만들라고 권한다. 책을 읽으면 자신의 생각을 나누고, 다른 사람들의 생각을 들어야 한다. 독서는 절대로 혼자서 하는 것이 아니다.

독서는 씨앗을 심는 것이다. 마음을 열어 올바른 자세를 가지고 책을 읽으면, 한 권의 책이 하나의 씨앗이 되어 마음속에 심겨진다. 나무를 심는 사람이 되어서 끊임없이 독서의 씨앗을 심을 때 내 마음속의 숲이 완성되어 있을 것이다.

인류 최고의 기억술의 비밀

"1년간의 도전을 통해 기억력이 좋아졌음은 물론이다. 그런데 좋아진 것은 기억력뿐만이 아니다. 생각이 깊어지면서 나와 세상에 대한 관심도 늘었다. 어떤 것이든 기억하려면 그것에 시선을 고정하고, 더 자세히 바라봐야 하기 때문이다. 그 과정에서 나는 전보다 나 자신과 세상을 깊이 이해하게 되었다."

《1년 만에 기억력 천재가 된 남자》 조슈아 포어

기억독서법을 집필하기 전, 기억술에 대해서 조사를 하였다. 기억술의 역사는 굉장히 오래되었으며, 책들이 문서화되기 훨씬 전부터 내려왔다.

전 세계 베스트셀러로 앞으로도 기록을 깰 수 없을 책인 성경의 경우 문자화되기 전에는 구전으로 이어져왔다. 하나님의 말씀을 목숨보다 소중하게 생각하는 사제들을 중심으로 경건하게 이어져 온 것이다. 크리스천들의 역사는 굉장히 핍박을 받으며 이어졌다. 핍박의 역사가 끊임없이 지속되자 볼테르라는 철학자는 "성경은 이 세상에서 없어질 것이다."라고 오판을 한 적이 있다. 재미난 사실은 볼테르의 집이 성경을 찍어내는 인쇄소가 되었다고 한다.

구전에 이어서 동물의 가죽에 기록하는 것으로 이어졌고, 구약성경의 경우 동굴의 항아리에서 우연히 발견되기도 하였다. 이런 역사로 인해서 성경에는 (없음)이라는 구절도 존재한다.

부처의 설법도 구전으로 전해져 내려왔다. 석가모니가 제자들에게 가르친 설법은 200~300년간 구전으로 전해 내려왔다. 석가의 가르침을 정확하게 기억하기 위해 제자들은 끊임없이 토론을 하면서 틀린 부분이 없도록 암송하였다. 그리고 제자들에게 전해져 내려왔다.

지금도 기억술이 존재한다는 것은 북한의 종교적 사례로 알 수 있다. 북한은 종교의 자유가 없다. 성경을 읽지도 못하며, 소유하지도 못한다. 기독교와 연관이 되면 일가족이 잡혀간다. 한국의 영상물들이 어느 정도 허용이 되는 현시점에 기독교 관련된 영상물을 소유만 하고 있더라도 목숨이 위태롭다.

그러나 이것은 손바닥으로 해를 가리는 행위다. 아무리 독재로 종교를 탄압하더라도 막을 수 없다. 중국에서 복음을 받아들인 북한 사람들이 다시 북한으로 들어간다. 이 때 성경을 들고 가지는 않는다. 자신의 머릿속에 암기를 하여 북한에 들어가서 전하는 것이다. 이렇게 기억술은 종교의 신념과 함께 다양하게 전수되고 있다.

평범한 두뇌의 소유자가 기억챔피언이 되다

'메모리 챔피언십'이라는 전 세계적인 기억력 대회가 있다. 숫자와 문자, 카드를 외우는 대회로 시간을 측정하여 세계적인 기록들이 나오는 대회다. 이곳에서 배출되는 챔피언들은 평범한 사람들이며, 기억력은 훈련될 수 있다는 사실을 증명하고 있다.

《1년 만에 기억력 천재가 된 남자》를 집필한 조슈아 포어는 2006년도 전미 메모리 챔피언십 우승자이다. 저자가 기억훈련을 하게 된 계기가 무척 흥미롭다. 프리랜서 기자인 저자는 우연히 메모리 챔피언십을 취재하면서 기억훈련에 대해서 관심을 가지게 된다. 그는 친구들의 전화번호를 자주 잊어버리고, 자동차 열쇠도 어디에 놔두었는지도 끼먹는 평범한 두뇌를 가진 사람이다. 2005년도에 뉴욕에서 열리는 전미 메모리 챔피언십을 취재하면서 누구나 기억력 천재가 될 수 있다는 말을 듣고 그 비법에 대해 관심을 가지게 된다.

252자리 무작위 숫자를 간단히 외우지만 자신은 기억력이 보통이라고 말하는 메모리 그랜드 마스터인 에드 쿡과 인연이 된다. 2,500년 전부터 내려오는 기억법을 전수받는다. 중세 학자들이 책을 통째로 암송하기 위해 사용했던 기억법으로 지금은 잊힌 방법이다. 이 고대의 기억법을 사용해 기억력을 훈련하고는 2006년도 전미 메모리 챔피언십에서 우승 트로피를 거머쥔다.

"타고난 기억력이란 없으며 마음만 먹으면 언제든 기억력을 높일 수 있다"는 사실을 몸소 증명해냈다.

'기억의 궁전'의 기술

2,500년 전부터 내려오는 기억의 비법이 무엇일까? 그것은 바로 '기억의 궁전'의 기술이다.

그리스의 '시모니데스'라는 시인이 궁전의 연회에 초대받았다. 당시 수 많은 사람들이 참석 중이었다. 갑작스럽게 급한 전령이 와서 잠시 양해를 구하고 궁전 밖으로 나갔다.

그 사이에 갑작스럽게 연회장 건물이 무너졌고, 이 사고로 연회장 안에 있었던 사람들이 사망했다. 그들의 시체가 손상되고 서로 엉켜서 알아보기 힘들 정도였다고 한다. 가족들이 망연자실하고 있을 때, 시모니데스가 기억의 궁전을 통해서 시간을 거꾸로 돌리기 시작했다.

시모니데스는 자기의 자리를 기준으로 어떤 사람이 어디에 앉아 있었는지 테이블에는 무엇이 있었는지 선명하게 기억하기 시작했다. 그는 위치에 따라 알아볼 수 없는 시체들을 유족들에게 알려주기 시작했다. 바로 여기서 기억술이 시작되었다.

이것이 기억술이 최초로 기록된 역사적인 사건이다. '기억의 궁전'이라는 기억술은 고대 지식인들 중에서도 특별한 소수에게만 비밀리에 전수되었다. 시모니데스 덕분에 세상에 최초로 공개되는 사건이 되었고, 수세기에 걸쳐 체계적으로 발전하여 수 많은 철학자와 문학가, 정치가들에게 전수되었다.

베네딕트 컴버배치 주연의 영국드라마 셜록에서도 '기억의 궁전'이 나온다. 셜록이 '기억의 궁전'이라는 곳에서 사건들을 추리하고 분석한다. 셜록 시즌3에는 셜록과 함께 적으로 등장하는 인물인 마그누센 역시도 '기억의 궁전'을 활용하여서 사람들의 약점을 언론을 통해 협박하는 이야기다. 아내와 함께 재미나게 본 드라마인데, '기억의 궁전'을 조사하면서 드라마에서 그 기술을 활용한 에피소드라는 것을 알게 되었다.

이와 함께 기억의 궁전에 관한 서적들과 다큐멘터리를 추천한다. 기억독서법과 함께 읽으면 분명 도움이 될 것이다.

'기억이 궁전'에 관한 책과 다큐멘터리 추천

《슈퍼 기억력의 비밀》에란 카츠

《1년 만에 기억력 천재가 된 남자》조슈아 포어

《기억의 마술사》도레미

《마테오리치, 기억의 궁전》조너선 D 스펜스

〈EBS 다큐프라임〉 기억력의 비밀 3부작

〈셜록 시즌3〉 베네딕트 컴버배치 주연의 영국 드라마

매일 기억의 서재를 방문하라

 기억의 용량은 무한대이다. 물건을 가끔 어디다 두었는지 깜박하거나, 자주 깜박하는 경우가 많지만 기억의 단적인 부분이다. 기억의 용량이 무한대라는 것은 서번트 증후군의 환자들을 보면 자세히 살펴볼 수 있다. 그들은 한 번 본 것을 기억해 낸다. 달력의 날짜와 요일을 기억하며, 책을 읽을 때 왼쪽 눈으로는 왼쪽 페이지를, 오른쪽 눈으로는 오른쪽 페이지를 동시에 읽는다. 영국 화가 '스티븐 윌셔'는 일본 도쿄 상공을 한 번 비행한 후 7일 동안 도쿄의 모습을 생생하게 그려냈다. 40여 분 동안 바라본 도쿄 시내를 건물들과 도로의 차들, 거리의 나무 하나까지 그대로 그려냈다. 사진을 찍어내듯이 도시 전체의 풍경을 통째로 기억한 것이다. 이런 능력은 보통사람들도 가지고 있다. 다만, 뇌가 너무나도 많은 일을 하고 있다. 뇌는 실제 기억을 할지 말지, 단기로 기억할지, 장기로 기억할지 판단한다.
 독서법과 함께 기억법은 훈련을 통해서 습득할 수 있다. 이 훈련

은 일상에서 할 수 있다. 자신이 만나는 일상이 기억이 담기는 장소가 되는 것이다.

서두에 마음의 서재에 대해서 소개하였다. 독서가가 되기 위해서 마음 속 서재에 책이 어느 정도 쌓여있어야 문서를 해독할 수 있는 능력이 생긴다. 10권의 책을 마음의 서재에 쌓아야 독서에 입문할 수 있다. 마음의 서재에 이어서 진정한 독서가가 되기 위해서는 기억 속의 서재를 하나 만들어야 한다. 기억의 서재를 만드는 방법은 의외로 간단하다.

기억의 서재 1단계 – 책장 한 칸으로 시작하라
모든 기억술의 핵심은 연상기억이다. 기억해야 할 존재를 이미지로 연상하는 것이다. 글자보다는 그림을 그림보다는 행동을 쉽게 기억하는 뇌를 활용하는 것이다.

기억의 서재를 만드는 첫 번째 단계로 한 칸의 책장을 상상으로 가지는 것이다. 눈을 감고 마음속으로 책장 한 칸을 상상하라. 자신이 좋아하는 색이 칠해진 책장이다. 마음 속 한 칸의 책장에 자신이 읽은 책을 넣는다. 독서를 입문하면서 마음의 서재에 던져놓은 10권의 책을 넣어라. 한 칸의 책장이 기억의 서재를 만드는 출발점이다.

기억의 서재 2단계 – 자신만의 서재를 이미지화하라
한 칸의 책장을 가졌으면, 이제부터 책장을 늘리면 된다. 이 때 필요한 것이 자신만의 서재이다. 우리는 상상 속에서 기억의 서재를 마음껏 꾸밀 수가 있다. 사실적인 이미지가 있으면 좋다. 자신이 원하는 멋진 서재를 이미지로 그려보라. 사진 이미지를 활용하면 두뇌의 상상을 더욱 구체적으로 만들어 준다.

나는 이미지를 구할 때 구글에서 영어로 검색한다. 창문이 달린 서재를 이미지로 구해서 기억의 서재로 상상하였다. 재미난 사실은 기억독서법을 집필하면서 신혼집을 이사하였는데, 창문이 달린 서재가 내방이 되었다. 기억의 서재를 상상하고 이미지화하였는데, 상상한 그 서재를 가지게 된 것이다.

기억의 서재 3단계 - 무지개 책장으로 꾸며라
기억의 서재를 채울 때는 분야별 독서를 강조한다. 책을 읽고 나서 분야별로 책장에 꽂는 것이 필요하다. 서점이나 도서관을 방문하면 같은 주제의 책들이 모여 있다는 점을 참고하면 된다. 분야별로 책장의 색을 다양하게 꾸미는 것도 좋다. 무지개 색깔의 책장이 있는 서재를 상상해보라. 얼마나 멋진 서재인가.

기억의 서재에 책장과 책들이 채워지면 도서관을 상상하면서 확장할 수 있다. 자신이 자주 방문하는 도서관을 상상하라. 북카페나 서점을 상상해도 된다. 다만, 북카페나 서점은 책들이 지속적으로 바뀌기 때문에 자주 방문하는 도서관이 좋다. 자신이 자주 방문하는 도서관과 같이 기억의 서재를 확장하는 것이다.

기억의 서재 4단계 – 세계적인 도서관으로 확장하라

하버드 대학교의 도서관을 구경한 적이 있는가? 로마 콜로세움 검투사들의 대결을 본 적이 있는가? 나는 그곳을 한 번도 방문한 적은 없지만 상상으로 방문한다. 기억술을 활용하여 방문하는 것이다.

요즘 구글로 검색하면 실제 현장보다 더 멋진 사진들이 넘쳐난다. 하버드를 방문하지 않더라도 그곳의 현장을 생생하게 만날 수 있다. 또 글래디에이터 영화의 OST를 즐겨듣는다. 책을 집필할 때 늘 콜로세움 현장에서 집필한다는 상상을 한다. 그 상상을 통해서 3번째 책까지 집필하게 되었다.

매트릭스나 인셉션 등의 영화와 같은 상상의 세계를 만들 수 있다. 이런 영화 모두가 인간의 상상에서 시작된 영화다. 당신도 충분히 할 수 있다.

세계적인 도서관을 내 기억의 서재로 만들어라. 기억독서법2를 통해서 한 권의 책을 빨리 읽고 그 다음에 기억의 서재에 책을 쌓는 것이다. 자신이 책을 읽을 때마다 기억의 서재가 계속적으로 확장되는 것을 상상하라.

내 마음 속 기억의 서재가 세계적인 도서관으로 확장된다는 생각이 감격스러울 것이다.

이제 책을 한 권 읽으면 무조건 기억의 서재를 방문해라. 기억의 서재에 책을 넣고 분야별로 분류하라. 사람과 만나서 사람의 성향에 따라 기억 속 분야별 책을 꺼내 대화하면 된다. 집필을 할 때, 영감이 떠오르는 책이 떠오르면 기억 속 책을 꺼내면 된다. 기억의 서재는 자신의 기억력과 함께 삶을 바꾸는 도구로 만들어 줄 것이다.

책을 활용한 기억술

사람과 미팅이 잡히면 항상 책을 챙긴다. 작가가 직업이다 보니 책과 함께하는 것이 일상이 되었다. 새로 만나는 사람에게는 내가 집필한 책들 중 한 권을 챙겨서 주기도 한다. 책을 들고 약속 장소에 먼저 나간다. 상대를 기다리는 동안 독서하는 시간을 가진다. 책에 관심을 가진 상대를 만나면 책은 대화의 도구가 된다. 책을 중심으로 대화를 나누는 것이다.

책을 들고 가도 상대방이 관심이 없을 수도 있다. 그래도 작가라는 사실을 충분히 알 수 있기에 책에 대해서 관심을 가지게 유도한다.

다른 사람들에게 책을 보여주는 것은 무엇보다도 내 스스로가 책을 읽고 있다는 것을 자각하기 위해서이다. 작가이며, 독서가인 만큼 매번 들고 다니는 책이 바뀌지 않으면 나 스스로가 민망하다. 이것이 때론 바쁘고 분주하더라도 책을 읽게 하는 원동력이 된다.

때론 장소를 이동하며 책을 읽어라

존 오키프 박사는 '장소 세포'를 발견하여 2014년 노벨 생리·의학상을 수상했다. 그는 뇌 속의 해마는 '기억', '학습', '정보처리'와 연관되어 있는데, '장소 세포'라는 것이 있어 장소를 이동하면 기억력을 높여준다고 한다.

한 장소에서만 독서를 권하지 않는다. 집중력과 기억력이 떨어진다. 요즘은 카페에서 공부하는 사람들이 많아졌다. 필자도 서재나 미라클센터에서만 독서나 집필하지 않는다. 최근에는 부산의 'PRESENT'라는 멋진 카페를 알게 되었다. 지금도 PRESENT카페의 광안대교가 보이는 자리에서 책을 집필하고 있다. 이곳은 필자가 그려온 꿈의 공간이기도 하다.

해마는 같은 장소에서 같은 업무를 오랫동안 지속하는 것을 싫어한다. 기억력과 집중력을 떨어뜨리는 행위다.

"뭐야, 뜬금없이 이 책이 방문 앞에 있어?"

매번 깜박하는 일들은 계속 깜박하는 경우가 있다. 연락을 해야 하는 일, 메일을 보내야 하는 일, 급하게 돈을 보내는 일까지도 종종 잊어버린다. 잠을 자려고하면 글쓰기의 영감이 떠오르거나, 내일 아침 꼭 챙겨야 할 물건이 떠오른다.

책을 활용하여 기억을 돕는 방법이 있다. 책이 기억을 돕게 연상시키는 것이다. 표지 색깔이 강렬한 책을 기억을 돕는 장치로 활용한다. 평소에 어디에 놔두었는지 잘 잃어버리는 차키나 지갑 같은 경우는 빨간색 표지를 가진 책 위에 올려놓는다. 일정한 장소에 책과 함께 올려두면 도움이 된다. 그리고 '차키를 기억독서법 책 위에 올려놨어'라고 책 제목과 함께 연관하여 생각하면 차키를 잃어버리는 일이 없다. 3초만 할애해도 된다. 나중에 차키가 없어져서 30분 동안 찾는 것보다 훨씬 유용하다. 중요한 일인데 매번 깜박한 일의 경우 노란색 포스트잇에 목록을 작성 후 검은색 표지의 책에 붙여놓는다. 이 책을 방문 앞에 놔두면 단숨에 기억을 하게 된다.

이것은 《기억력 천재의 비밀 노트》를 집필한 오드비에른 뷔 저자가 '오렌지 기법'이라는 기억법에서 착안한 것이다.

> 빨랫감을 세탁기에 돌린 후에 깜박 잊고 꺼내지 않았다고 생각해 봅시다. 이런 상항은 '눈에서 멀어지면 마음에서도 멀어진다'는 옛 속담으로 설명될지 모릅니다. 하지만 엔디의 기법을 사용한다면 간단한 물건을 사용해서 세탁기에 빨래가 들어있다는 사실을 기억하는 데 도움을 얻을 수 있습니다. 침대 머리맡에 오렌지 하나를 두고, 잠자리에 들기 전에 세탁기를 돌린 다음에 빨랫감을 넣어서 건조시켜야 한다는 사실을 기억해 봅시다. 이 방법은 '오렌지기법'이라고 이름붙일 수 있습니다. 오렌지는 침대 위에 있든 방바닥에 있든 시선을 끌기 때문입니다. 꼭 오렌지를 써

야하는 것은 아닙니다. 어떤 것이든 제자리에 놓여있지 않으면 시선을 끌고 기억을 자극해 줄 것입니다.

《기억력 천재의 비밀노트》 오드비에른 뷔

집에서 저녁을 먹거나 독서를 할 때 자동차 트렁크에 있는 물건을 꺼내서 집에 놔둬야겠다는 생각이 들었다. 이 생각을 벌써 한 달째 하고 있다. 아침에는 그냥 출발해 버리고는 목적지에 도착해서 생각나는 경우가 있다.

매번 깜박증을 극복하기 위해 냉장고에 있는 오렌지를 꺼내서 현관문 앞에 놓아두고, 자동차 트렁크를 생각하면 된다. 그리고 아침에 현관을 나설 때 뜬금없는 오렌지를 발견하는 순간 자동차 트렁크의 짐을 빼야하는 일이 연상될 것이다.

침대에 누웠는데 내일 아침에 긴급하게 해야 할 일이 떠오를 때는 침대주변에 있는 책을 방문 앞에 던져놓는다. 잠을 자고 나서는 머릿속에 할 일들이 까마득하게 사라졌지만, 문 앞에 던져진 책을 보면서 기억을 연상시키는 것이 '오렌지 기법'이다.

그런데 '오렌지 기법'을 너무 많이 활용하면 집이 어질러지는 단점과 함께 생활하고 있는 엄마나 아내가 치워버리면 아무 소용이 없어진다는 것을 기억해야 한다.

기억을 방해하는 스마트폰

한 연구결과에서 스마트폰이나 게임을 하는 뇌를 분석하니 치매 걸린 환자의 뇌와 매우 흡사하다는 것을 발표하였다. 미디어는 좌뇌와 우뇌의 균형을 깨뜨린다. 나는 종종 할 일이 떠올라 스마트폰을 꺼내놓고는 할 일을 금방 잊어버리는 경우가 있다. 마치 내 뇌가 스마트폰으로 치매가 걸린 것 같다. 이런 뇌의 근육을 키우는 것은 당연 독서이다. 독서하는 뇌를 촬영한 결과 게임하는 뇌보다 훨씬 더 많이 활성화되었다.

어떤 전문가는 뇌의 활성을 위해서 하루 5분 동안 마트의 전단지라도 보라고 권한다. 마트 전단지에 여러 가지 품목과 가격, 그림이나 사진을 보면서 새로운 시각적 자극을 받는 사이 뇌 근육이 강화돼 기억력에 좋은 영향을 끼친다. 끊임없이 활자를 읽는 사람들은 나이가 들어도 뇌가 왕성하게 활동한다. 미국 켄터키대학교 연구팀은 수녀들의 공동생활을 연구하였다. 고령의 수녀들이 유독 치매나 뇌 질환이 적었는데, 이는 매일 성경을 읽는 것이 뇌 기능 유지에 도움을 주는 것으로 추정되었다.

스마트폰은 기억을 돕는 도구로 활용할 수 있다. 《외우지 않는 기억술》의 저자 가바사와 시온은 "검색할 수 있는 것은 기억하지 말라"라고 주장한다. 모르면 검색하면 되고, 사회인이라면 컨닝의 자유를 누리라고 말한다. 오로지 자신의 기억력으로만 해결해야 하는 상황은 거의 없다.

지금은 스마트 기기의 시대이다. 스마트폰이 없으면 사람과 소통하기 참 어려워졌다. 중독되지 않는다는 전제하에 《외우지 않는 기억술》 저자의 말처럼 스마트폰을 기억을 돕는 도구로 잘 활용해보자.

기억을 뒤돌아보는 글쓰기를 시작하라

독서와 글쓰기는 굉장히 밀접하다

　　　　　　　　　독서와 글쓰기는 굉장히 밀접하다. 작가가 되고 나서 아동센터에 독서와 글쓰기를 꾸준히 지도하고 있다. 아동센터는 저소득층 아이들의 공부방으로 일주일에 한 시간만 지도하더라도 아이들의 독서 수준과 글쓰기 수준을 한 눈에 알 수 있다. 글쓰기를 지도하면서 평소 독서를 하지 않는 아이들보다 독서를 좋아하는 아이들의 글의 차이를 확인할 수 있었다. 책 읽는 시간을 좋아하고 평소에도 꾸준히 독서를 하는 아이들의 글은 분량이 훨씬 많고 논리적이었다.

　미라클독서모임을 운영한지 어느덧 7년째 되어가고 있다. 꾸준히 독서모임에 참여만 하더라도 한 주에 1권 이상의 책을 읽게 된다. 또 리딩플랜을 통해 10권의 습관을 잡고, 100권의 책을 읽어 트로피를 받아간다. 독서모임을 통해 독서가가 되면 자연스럽게 글쓰기를 시작한다. 독서모임에 1년 이상 꾸준히 나오면, 자연스럽게 글쓰기를 시작하게 된다. 매일 아침 카페에 감사에 대한 글을 나누고 있고, 한 권의 책을 집필하신 분들도 있다.

> 책을 읽으며 열정의 도가니에 빠지는 것은 종종 작가가 되기 위한 징후다. 읽고 또 읽고, 자꾸 읽으면 거의 자동으로 쓰는 단계에 이른다. 어쩌다 글을 쓰는 작가가 되었을까? 먼저 책을 읽었기 때문이다.
>
> 《왜 책을 읽는가》 샤를 단치

독서를 통해서 필력에 제일 큰 도움을 받은 사람은 바로 필자다. 나는 20대에 매년 100권 이상의 책을 읽었고, 첫 번째 책을 집필할 때는 하루 10권 이상의 책을 섭렵하였다. 지금도 꾸준히 한 달 20권 이상의 책을 읽고 있다. 이런 다독의 힘이 20대에 책을 출간하게 하고, 현재까지 3권의 책을 집필하게 하였다.

글쓰기는 최고의 아웃풋!

독서를 통한 최고의 아웃풋은 글쓰기이다. 글쓰기는 기억과도 밀접한 연관이 있다. 눈으로 읽기만으로는 절대로 기억할 수 없다. 눈으로 읽고, 손으로 써야 한다. 의학적으로 손은 제2의 두뇌라고 말한다. 독서를 하면서 글을 쓰는 것은 기억을 돕는 행위이다.

  괴테는 "손은 외부로 나온 뇌"라고 말하였다. 뇌과학 영역에서 손은 제2의 두뇌라고 말한다. 손을 활용하면 기억력이 향상된다. 눈으로만 읽는 것이 아니라 노트를 작성하면 아웃풋이 되는 것이다.

  나는 책을 읽으며 감동이 되는 부분을 전부 노트에 작성한 적이 있다. 아무런 지식이 없을 때는 책에 내용을 거의 다 베껴 썼다. 다독을 하면서 베껴 쓰는 내용이 점점 줄어들었다. 독서 노트를 작성하는 것은 독서를 돕는 수단이다. 노트를 작성하는 것이 독서를 방해한다면 당장 중단해야 한다. 베껴 쓰는 것보다는 책을 읽고 기억나는 것을 자신의 생각으로 정리하라고 말하고 싶다. 글쓰기는 자신의 생각을 정리하는 것으로 글을 쓰지 않으면 깨닫는 것을 정리할 수 없다. 글쓰기는 자신의 생각을 정리하며 기억을 돌아보는 것이다.

> 필자는 오히려 독서를 통해 읽은 것을 잊어버리라고 한다. 독서는 암송하거나 외우는 것이 아닌 읽는 자체를 즐기는 행위이다. 내용에 대해서 전혀 부담을 가질 필요가 없다.
> 무엇보다도 글을 쓰면서 이전에 읽었던 책의 내용이 떠오르면 그보다 큰 짜릿함이 없다. 그 짜릿함을 느끼려고 글을 쓰는 것이고, 그래서 독서를 하며 잊어버리라고 하는 것이다. 이 글을 읽는 이들도 그 짜릿함을 느껴보길 기대해본다.
>
> 《글쓰기부터 바꿔라》 기성준

기억을 돕는 일기쓰기를 시작하라

독서하는 것이야 책을 무작정 읽기만 하면 되는데, 글을 쓰는 것은 아웃풋의 결과물이 나온다. 분명히 책을 읽었는데도 아무것도 쓸 내용이 없기도 하고, 내가 쓴 글을 누군가에게 보여주고 싶지 않을 만큼 부끄럽기만 할 때도 있다.

나는 글쓰기를 하기 전 하루를 돌아보는 일기를 쓰는 것부터 시작하라고 권한다. 일기는 지극히 평범하지만 개인에게 맞춤기억훈련이다. 하루 속에서 어떤 음식을 먹었는지, 누구와 만났는지를 자신이 직접 체험한 것을 쓰는 것이기 때문이다. 시간이 지나고 다시 일기장을 뒤적거리다가 보면 분명 잊혔던 사실도 생생하게 기억하는 자신을 발견한다. 체험으로 작성한 글은 강렬하게 기억에 남는다. 심지어 일기를 쓰는 것도 치매를 예방한다고 한다.

SNS나 블로그에 꾸준히 글을 쓰는 것도 도움이 된다. 일기를 쓰는 것은 기억훈련이자, 글쓰기 훈련이다. 이제는 누구나 글을 쓸 수 있는 시대이다.

강가에서 조약돌을 힘껏 물에 던졌을 때, 순식간에 물 위를 튕겨져 날아가는 조약돌처럼, 첫 문장이 연쇄적으로 글쓰기를 일으켜 줄 수 있다.

첫 문장을 글쓰기의 마중물이라고 생각해보자. 펌프질을 통해 식수를 올리던 시절, 주인이 손님을 마중 나가듯이 펌프질을 하기 전 붓는 물을 마중물이라고 하였다. 마중물은 물을 올리는 것을 방해하는 공기를 제거해주듯이, 첫 문장은 글을 쓰는데 잡다한 생각을 없애준다. 시작의 힘이 있기에 첫 문장을 쓰는 힘을 길러야 한다.

《글쓰기부터 바꿔라》 기성준

글쓰기는 기억의 마중물이다

글쓰기를 두려워하는 것 중에 하나가 첫 문장을 쓰기 어려워하는 것이다. 첫 문장을 화려하게 쓸 필요가 없다. 첫 문장의 두려움을 없애야 한다. 허접한 첫 문장을 쓰더라도 이후의 문장이 명문장이 될 수 있다. 허접한 첫 문장은 지울 수 있다. 글쓰기는 첫 문장만 쓰면 된다. 첫 문장이 마중물이 되어 글을 쓰기 시작하면 된다. 글쓰기는 마중물이 되어 내면 깊이 담겨져 있는 기억의 물줄기를 불러일으킨다.

나는 책을 쓰면서 독서의 위력을 절실히 느낀다. 생각지도 못한 내용들이 떠오르기 때문이다. 정확한 내용이 떠오르지 않아도, 기억의 서재에서 책을 발견한다. 그리고 그 책을 검색하여 다시 읽어본다.

누구든지 글쓰기를 할 수 있다. 첫 문장의 두려움을 없애고, 글쓰기를 통해 독서의 최고 아웃풋을 실천하라. 나처럼 독서의 위력을 경험해보기를 권한다.

기억독서법
4

기억을 돕는 독서노트

Reading

반복은 위대한 기억독서법

책을 덮는 순간 나의 기억도 사라진다?!

　　　　　　　　　　마지막 페이지까지 읽어 내린 책을 덮는 순간, 머릿속이 하얗게 변하면서 무엇을 읽었는지 기억이 나지 않는다. '내가 바보인걸까' 불안해 하다가, 점점 짜증이 나기 시작한다. '역시 나는 책과 맞지 않는가봐'라고 생각하며 책을 슬며시 내려둔다. 혹자는 평소 '책 좀 읽어야 하는데'라는 말을 입에 달고 살지만 책에는 손을 대지도 않는다. 책을 잡고 끝까지 읽는 것은 손에 꼽기도 힘들고, 오랜만에 독서를 하려고 책을 손에 들면 잠이 그렇게나 쏟아진다. '책을 읽는 것보다 잠을 달게 자는 것이 차라리 정신건강에 이롭다'라고 스스로를 설득하며 책을 덮어버린다. 이래서는 도무지 독서에 자신감이 생기지 않는다.

　누구에게나 '책은 읽고 싶은데 읽은 것이 기억나지 않거나, 독서가 부담스러웠던' 경험이 있을 것이다. 심지어 책을 좋아하고, 자주 읽는 사람들조차도 독서에 대해 고민한다는 점을 고려한다면, '어떻게 책을 읽어야 할 것인가'를 고민해 볼 필요가 있다. 독서모임에도 '나는 다 읽고 책을 덮었는데, 기억이 잘 안나요'라고 호소하는 분들이 꽤 많다. 수 없이 많은 책을 읽지만 읽을 때마다 잠깐 '지식이 채워진다'는 기분이 들 뿐, 오래도록 나에게 책이 남는다는 확신이 들지 않는 것이다. 어떤 분은 '책을 반이나 넘게 읽은 후에야 예전에 읽은 책이라는 것을 깨달았다'고 고백하기도 했다. 읽은 것을 기억하지 못하니 점점 독서에 자신감이 떨어지고, 책과 멀어지는 것도 무리가 아니다.

　책을 실컷 읽고 난 후에 책의 내용을 기억하지 못한다고 스스로를 자책할 필요는 없다. 사실 사람의 두뇌는 '망각'이라는 시스템을 장착하고 있다. '망각'이라는 말은 '기억을 잃어버리는' 치매를 떠올려 두려움을 줄 수도 있다. 그런데 오히려 '잊지 못하는 것'이 더 힘든 일이다. 한 남자가 있다. 누군가 그에게 다가가 'O월 O일'에 대해 물어보면, 그는 날씨부터 주요 뉴스, 그날 입었던 옷과 만났던 사람 등 모든 것을 줄줄이 다 이야기할 수 있다. 그는 러시아의 기자였던 사람으로, 한 때 '기억력'이 직업상 큰 힘이 되기도 했으나 결국 너무 많은 것을 기억하는 스트레스 때문에 정신병원에서 생을 마감했다. 최근 방영되었던 어떤 드라마에서 한 여인이 신에게 '자신의 의도와 상관없이 기억을 잃어버리는 것'을 불평했다. 그러자 신은 그녀에게 '잊지 못하는' 벌을 내린다. 사랑하는 가족과 친구들 모두가 그녀에 대한 기억을 잊었는데, 그녀만 모든 것을 기억한 채로 살아간다. '알아도 모르는 척'하면서 평생을 외롭게 살아야 하는 그녀에게 '기억하는 일'은 벌이었다.

정상적인 뇌의 구조를 가졌다면 망각은 당연한 것이다. 감정과 기억 그리고 망각에 대해서 쉽게 소개한 영화 《인사이드 아웃》을 살펴보자. 주인공 소녀 라일리의 머릿속에는 행복이(황금색), 슬픔이(회색), 소심이(보라색), 까칠이(초록색), 버럭이(빨간색)가 살고 있다. 다섯 친구들은 라일리의 모든 일을 관찰하고, 매순간 라일리의 감정을 결정한다. 그리고 나면 라일리가 느낀 감정의 색깔에 맞는 기억구슬이 뇌 속에 생겨난다. 사람들이 '어떤 감정을 강하게 느낀 순간을 더 잘 기억하는 것'을 반영한 이야기다. 예를 들면, 라일리는 어린시절 부모님과 함께 스케이트를 탔던 순간 행복함을 느꼈다. 따라서 그 순간에 대한 기억은 행복이의 색깔인 황금색 구슬로 만들어져서 보관되어 있다. 이 때의 기억은 라일리의 삶에서 '특별히 행복'했기 때문에 '특별기억 보관소'에 저장되어 있다.

반면에 어린 시절 라일리의 상상 속 친구였던 '빙봉'은 라일리가 자라날수록 점점 라일리의 기억 속에서 잊혀진다. 한 때 빙봉은 라일리의 기억에서 아주 중요한 비중을 차지했지만, 사춘기 소녀인 라일리가 상상 속 친구를 떠올릴 겨를이 없다. 따라서 빙봉은 기억의 섬들을 떠돌다가 기억을 처리하는 쓰레기장에 영영 묻혀 버린다. 다시 라일리가 머릿속에 떠올려 주기 전에는 빙봉이 쓰레기장에서 기억의 섬으로 돌아올 수 없는 것이다. 당신에게도 어릴 적 상상 속에서 함께 놀던 친구가 있는가? 그렇다면 그 친구는 지금 어디 있는가? 아마 빙봉처럼 기억 쓰레기장에 묻혀있을 것이다. 머릿속에 계속 떠올리면 잊지 않지만, 떠올리지 않으면 잃어버리는 것. 바로 이것이 망각의 원리다. 사람의 뇌라면 누구에게나 있는 것이고, 필요한 것이다. 사춘기 소녀가 된 라일리가 현실의 친구들을 무시한 채, 계속 상상 속 친구와 논다면 그것이 더 걱정스러울 수도 있다.

책을 읽었는데 기억에 남는 것이 없다면, '나는 정상적인 뇌를 가졌구나'라고 생각하고 다시 한 번 읽어보자. 반복 독서를 하는 것이다. 반복은 아주 오래되고, 확실한 기억독서법이다. 누구나 알고 있는 방법이지만, 아무나 실천하지 않는 독서법이다.

옛날에는 종이와 책이 귀했다. 중국에서 새로운 정보가 담긴 책이 들어오면, 재력이 있는 양반은 책을 사서 세 권씩 필사를 해두었다. 손때가 묻지 않게 기름종이까지 덧대어 가면서 필사한 책들은 집안의 가보가 되었다. 필사한 책을 할아버지가 읽고 나면 아버지가 읽고, 그 다음에 아들이 읽었다. 사랑방에 놀러오는 동료들과 나눠 읽기도 했는데, 책을 빌려간 친구는 또 다시 책을 필사한다. 양반들은 이런 방식으로 귀한 책을 돌려 읽었다. 하지만 요즘은 정보가 과도하게 많고, 책도 많다. 어느 때보다 손쉽게 책을 만들어낼 수 있으며, 누구라도 원한다면 작가가 되고 책을 출판한다. 화려하고 거대한 서점에 들어서면 '책이 없는 것'보다 '어떤 책을 골라야 할지' 고민하는 경우가 더 많다. 책이 풍요로운 시대의 부작용은 '읽을' 책이 너무도 많다는 것이다. 그래서 한 권을 오래 붙들고, 읽고 또 읽는 것은 바보처럼 보일 수도 있다.

그런데 수 많은 작가들뿐만 아니라 위대한 인물들은 읽었던 책을 또 다시 읽는다. 심지어 어떤 책들은 여러 권의 책을 합친 것보다 더 많은 정보들이 담겨있어서 읽을수록 새롭고, 배울 것이 많다. 반복 독서를 했던 위대한 인물 중의 한 명은 바로 한글을 창제하신 세종대왕님이다. 어릴 적부터 책읽기를 사랑했던 세종은 무리한 독서에 눈이 침침해졌다. 아버지였던 태종은 아들을 걱정하는 마음에 아들의 방에서 모든 책을 치우도록 했다. 눈이 아픈 것보다 책을 못 읽는다는 사실이 힘들었던 세종은 방의 한 구석에 책 한 권이 남아 있는 것을 발견했다. 세종대왕은 이 책을 너덜너덜해질 때까지 읽고 또 읽었다. '백 번 읽고, 백 번 익혔다'고 하여, 세종대왕의 독서법을 '백독백습 독서법'이라 부른다. 세종대왕은 책의 내용을 익힐 때까지 반복하여 읽었을 뿐만 아니라, 임금이 된 후에도 어린 시절에 읽었던 책을 다시 읽기도 했다.

'세종대왕의 백독백습' 이외에도 '라이프니츠 독서법'이라 불리는 '재독법'이 있다. 독일의 철학자이며 정치가이자 외교관인 라이프니츠는 '다양한 활동을 하는 한편 백과전서적인 박식가'였다. 라이프니츠는 독학으로 다방면의 지식을 쌓았는데, 그 비결이 같은 책을 되풀이해서 읽는 반복 독서였다는 것이다.

> "나는 구멍이 뚫릴 정도로 열심히 꿰뚫어 보았습니다. 잘 이해되지 않는 대목에 크게 신경 쓰지 않고 이것저것 골라 읽으며, 전혀 뜻을 알 수 없는 곳은 뛰어넘고 읽었습니다. 몇 번이고 이런 읽기를 계속하여 결국 책 전체를 읽어 내고, 얼마 동안의 시간이 지난 다음, 같은 작업을 되풀이해가면 전보다 훨씬 이해가 잘 되는 것이었습니다"
>
> 《독서불패》 김정진

아기는 태어나서 걸을 때까지 약 삼천 번을 넘어진다고 한다. 수없이 넘어져도 아기들은 걷는 것을 포기하지 않는다. 사람들은 대부분 이러한 과정을 거쳐 걷게 되었고, 어른이 되었다. '나에게는 끈기가 없다'는 말은 하지 말자. 우리 모두에게는 끈기가 내재되어있다. 당신이 독서에 대한 끈기를 찾을 수 없었던 것은 반복의 필요성과 방법을 몰랐기 때문이다. 해외여행을 가서 처음 도착한 곳을 단 한 번 보고 세세하게 기억할 수 있을까? 만약 한 번 본 것을 모두 기억하는 사람이 있다면 우리는 그 사람을 천재라고 부를 뿐, 기억하지 못하는 대부분의 사람들을 바보라고 부르지 않는다. 그러니 앞으로 한 번 읽은 책을 기억하지 못한다고 스스로를 자책하지 말자. 한글을 만든 세종대왕도 책 한 권을 익히려고 백 번씩 읽었다. 좋은 책은 드라마나 예능 프로그램을 보듯 한 번 보고 스쳐 보내는 것이 아니라, 머리와 가슴 속에 새겨야 한다. 몇 번이고 읽으면서 새겨진 글들은 당신의 생각을 바꾸고, 행동을 바꾸고, 습관을 바꿔서 결국 운명을 바꾸어 줄 것이다.

필자는 어린 시절 '해리포터 시리즈'를 반복해서 읽었다. 여러 번 읽었기 때문에 내용은 이미 다 알고 있었지만, 읽을 때마다 재미있었다. 판타지 소설이지만 해리포터 이야기 속에는 다양한 상상과 비유가 있음을 반복해서 읽으며 깨달았다. 마법의 주문을 따라 외치며 영어 단어를 배운 것은 부수적인 소득이었다. 무엇보다도 해리포터의 이야기는 재미를 넘어 필자에게 '정의가 승리한다'는 용기를 주는 책이었다. 그래서 어른이 된 지금도 가끔 사회생활에 지치거나 마음이 힘들 때 해리포터를 다시 읽는다. 이럴 때 해리포터 이야기는 필자에게 기운을 북돋아주며 '열심히 살아보라'라는 희망을 준다.

필자에게 해리포터 시리즈가 힘이 되어주듯 누구나 이런 책을 가질 수 있다. 읽을 때마다 자신에게 깨달음을 주고, 위안을 주는 책을 '씨앗도서'라고 부른다. 각자에게 씨앗이 되는 책으로, 읽을 때마다 자신을 성장하게 만들어 주는 것이다. '아시아의 빌게이츠'라고 불리는 소프트 뱅크의 손정의 대표는 몸이 아파 쉬는 동안 4천 권의 책을 읽었다. 다양한 책을 읽었지만 손정의 대표는 일본의 역사소설인 《료마가 간다》를 반복해서 읽었다. 《료마가 간다》는 그의 씨앗도서로, 마음이 힘들거나 중요한 결정을 해야 할 때 읽는 책이라고 한다. 멘토가 필요한 순간에 손정의 대표가 만나는 분은 바로 《로마가 간다》의 주인공이자, 일본의 근대화를 이끌었던 사카모토 료마였던 것이다. 당신도 위대한 인물의 멘토를 가질 수 있다. '나는 생각한다. 고로 나는 존재한다'라는 명언으로 유명한 데카르트는 독서를 '과거의 위대한 사람과 만나 대화를 나누는 것'이라 표현했다. 지금 당신에게 위대한 멘토가 필요하다면, 도서관으로 가자. 그리고 멘토를 만나자. 한 번 만나서 멘토의 이야기를 이해할 수 없다면, 반복 독서를 히면서 여러 번 다시 만나자.

'멘토를 만나 차를 한 잔 마신다'는 마음으로 편안하게 책을 집어 들자. 그리고 자신의 속도에 맞게 읽어 나간다. 이때 기억하고 싶거나, 좋은 내용이 있다면 책 오른쪽의 귀퉁이를 살짝 접어두는 것이 좋다. 책을 접는 것이 어렵다면 띠지를 붙여도 된다. 이렇게 처음부터 끝까지 책을 다 읽은 후에는 책을 덮는다. 머리를 충분히 식혀주면 휴식을 취하는 동안 우리 뇌는 정리하는 시간을 가진다. '이러다 책의 내용을 다 잊어버리는 것 아냐?'라는 불안한 마음이 들더라도 과감히 무시한다. 불안감마저 사라지고 나면 책을 다시 잡아보라. 이번에는 표시해두었던 부분만 다시 훑어본다. '왜 이 부분을 표시해두었나' 생각해보며 읽으면 조금씩 책을 읽을 때 좋았던 것이 환기될 것이다. 다시 읽어도 또 좋은 부분이 있다면, 독서노트에 기록해두자.

위의 과정을 거치면 한 권의 책을 처음 읽을 때, 귀퉁이 접었던 것을 읽을 때, 노트에 기록할 때까지 총 세 번 읽게 된다. 이렇게 읽은 책은 쉽게 잊히지 않는다. 혹시 시간이 흘러 잊어버리더라도 우연히 서점에서 그 책을 보거나, 누군가와 대화를 나눌 때 불쑥 책의 내용이 떠오르기도 한다. 필자는 강의 준비를 할 때 종종 오래전에 읽었던 책이 떠오르는데, 이럴 때에는 숨겨둔 보물을 찾은 듯 짜릿한 희열을 느낀다.

반복 독서를 하는데도 책이 불편한가?!

'책은 지루하다', '책은 비싸다', '책은 깨끗이 읽어야 한다', '저자소개부터 마침글까지 책의 모든 글은 다 읽어야 한다', '속독은 제대로 된 독서법이 아니다', '실용서적은 인문서적보다 가치가 없다' 등등. 우리는 무의식중에 책에 대한 많은 편견을 가지고 있다. '책은 이러하다' 혹은 '책은 이러해야 한다'는 정답은 그 어디에도 없다. 주변에 책을 좋아하지 않는 사람이 있다면, 그 사람은 아마도 책에 대한 편견을 가지고 있을 가능성이 많다. 심지어 책을 좋아하는 사람들도 '책은 이런 것'이라는 편견을 가지고 있을 때도 있다. 예를 들면 독서모임에서 만난 사람들 중에서 '책은 깨끗하게 읽어야 한다'고 생각하는 분들이 많았다. 이유를 물어보면 '왠지 그래야 할 것 같다'거나, '어릴 때부터 책은 깨끗이 읽어야 한다'고 배웠기 때문이라는 것이다.

책에 대한 편견이 많을수록 책을 즐기기 힘들다. 축구를 좋아하는 친구들을 관찰해보니 비용이 많이 들더라도 축구화나 유니폼을 수집하는 것을 즐기는 경우가 있다. 어떤 친구들은 축구화나 유니폼보다 그저 '축구를 하는 것'을 즐기기도 한다. 프로 축구선수들은 '비가 오든 날씨가 덥든 축구를 못할 이유가 없다'라고 생각하여 열심히 훈련한다. 각자 축구를 좋아하지만 즐기는 방법은 다르다. 그들이 축구를 즐기는 방식에 옳고 그름은 없다. 책 또한 마찬가지다. 책을 좋아하는 사람들 중에서 새 책을 사서 모으는 것을 좋아하는 사람들이 있고, 오래되어 사람들의 손때가 묻은 책을 좋아하는 사람들도 있다. 드라마의 대사처럼 '날이 좋아서, 날이 좋지 않아서, 날이 적당해서' 책 읽기는 언제든 좋을 수 있다. 독서 그 자체를 즐길 수 있다면 그 어떤 편견도 당신이 책 읽는 것을 방해할 수 없다.

김무곤 작가의 《종이책 읽기를 권함》에는 '독자권리장전'이라는 것이 소개되어 있다. 말 그대로 '독자가 가질 수 있는 권리들'인데, '책을 읽지 않을 권리'부터 '소리 내어 읽을 권리', '책을 읽다가 말 권리', '권위 있는 기관의 추천도서를 읽지 않을 권리', '책에 줄을 그으며 읽을 권리', '열심히 생각을 써둔 책을 타인에게 빌려주지 않을 권리' 등이 있다. 필자는 독자권리 장전을 통해서 그동안 책을 읽을 때마다 책을 불편하게 느끼도록 만든 편견들이 있었다는 것을 깨닫고 통쾌함을 느꼈다. 그래서 책을 어렵게 느끼는 사람들을 만나면 꼭 독자권리장전을 소개해 준다. 그러면 대부분 '어머, 어머'하고 감탄하시면서 '책에 대한 마음이 한결 편해졌다'고 이야기한다. 자신도 모르는 사이에 가진 책에 대한 편견이 스스로 책을 더 즐길 수 있는 것을 방해하고 있는 것은 아닐까? 책을 즐기기로 마음먹는다면, 이전에 '책을 읽기 어려웠던 상황'들이 오히려 '책을 읽기 좋은 환경'으로 바뀌기도 한다. 장시간의 출퇴근에 몸과 마음이 지쳐간다면, 독서해보라. 그럼 당신의 직장은 '책읽기 좋은 직장'으로 바뀐다.

심리학자들이 원숭이 열 마리를 한 우리에 모아두고 가운데 바나나 나무를 심었다. 그리고 원숭이들이 나무 위로 올라가 바나나를 따먹으려고 할 때마다 원숭이에게 물을 끼얹었다. 열 마리 원숭이들은 모두 물을 맞았고, 바나나를 따는 것에 실패했다. 곧 한 마리의 원숭이를 새로운 원숭이로 교체했다. 새로 우리에 들어온 원숭이는 곧장 나무에 올라가 바나나를 따려고 했다. 그러자 신기하게도 주위에 있던 아홉 마리의 원숭이들이 새 원숭이를 말렸다. 이내 새로 온 원숭이는 바나나 따는 것을 포기하게 되었다.

> 제일 처음 나무에 오르다 물을 맞았던 아홉 마리의 원숭이를 모두 새로운 원숭이로 교체할 때까지 실험은 계속되었다. 모든 원숭이가 교체되고 이제 한 번도 물을 직접 맞은 적이 없는 원숭이들로만 우리가 채워졌다. 과연 원숭이들은 나무에 올랐을까? 아니다. 우리에 남아있던 원숭이들은 한 번도 나무에 오른 적도, 물을 맞은 적도 없지만 나무에 오르려하지 않았다. 처음 우리에 들어와 나무에 오르려고 하다가 저지당한 경험이 있기 때문이다. 이것을 바로 '학습된 무기력'이라고 한다. 이전의 시도에 실패한 경험으로 새로운 것을 시도하지 않는 것이다.
>
> 《그 아이만의 단 한사람》 권영애

서커스단에서 사람보다 훨씬 큰 코끼리를 길들이는 방법도 이와 비슷하다. 사육자는 코끼리가 어릴 때 데려와 발목에 사슬을 채워둔다. 처음 사슬에 묶인 아기 코끼리는 사슬을 풀어보려고 발버둥치지만 사슬은 끄떡도 하지 않는다. 점점 몸집이 커진 코끼리는 이제 힘이 세져서 충분히 사슬을 끊을 수 있는데도 코끼리는 사슬을 끊지 않는다. 왜냐하면 아기 코끼리이던 시절 사슬을 끊어보려고 했지만 안됐으니까! '학습된 무기력' 때문에 엄청난 힘을 가지고도 평생 묶여서 살아갈 수 밖에 없는 것이다.

'책'에 관한 '학습된 무기력'도 있다. 만화책을 읽을 때 '그것도 책이냐' 라는 이야기를 듣거나, 시험기간에 소설책을 읽는다고 혼난 적이 있는가? 왠지 책이 두꺼우면 어려울 것 같고, '양서'만 골라 읽어야 한다고 생각한 적이 있는가? 우리는 기성세대를 통해서 그리고 우리 스스로도 수 없이 책에 대한 편견을 쌓아왔을 것이다. 더 책을 좋아할 수도 있었던 자신을 제한해 왔을 수도 있다. 우리는 눈앞에 있는 바나나를 포기한 원숭이처럼, 자신의 능력을 모르는 코끼리처럼 포기하면 안 된다. 자신을 믿자. 우리는 우리가 원하는 일이라면 어떻게든 더 즐길 수 있는 방법을 찾아낼 수 있다.

우리의 두뇌는 생각보다 훨씬 뛰어나다

 책을 좋아하는 사람들이 모여 있는 독서모임에서 '이제는 머리가 굳었다', '공부는 때가 있다', '나이든 사람은 젊은 사람을 못 따라 간다', '이 나이에 무슨...'이라는 말이 들려오면 참 안타까운 마음이 든다.
 본인은 겸손함을 표현하는 것일 수도 있지만, 필자는 그 말을 하는 분이 진정으로 독서의 효과를 알고 있는 것인지 의심스러울 때가 있다. 심지어 아직 30대 중반으로 앞날이 창창한 젊은이도 그런 말을 할 때가 있다! 책을 좋아한다면, 아니 독서를 믿는다면 절대로 자신의 능력을 미리 한계 지을 수 없을 것이다. 막연하고 추상적인 이야기를 하는 것이 아니다. 여러 학자들에 의해서 검증되고도 아직 활발하게 연구되고 있는 뇌과학 분야를 통해 증명할 수 있다.

 필자는 대학생 때 러시아 문학의 거장 톨스토이에 대해 배웠다. 수업시간 때 교수님께 들었던 이야기 중에서도 '톨스토이는 마흔이 넘은 나이에 호메로스를 원문으로 읽고 싶어서 고대 그리스어를 배웠다'는 것이 특히 기억에 남는다. '어찌나 몰입하여 공부했던지 자면서도 그리스어를 중얼거릴 정도였으며, 심지어 아테네에 살고 있는 꿈을 꾸기도 했다'고 한다.

"톨스토이는 인생의 단계마다 새로운 분야에 뛰어들었다. 예를 들어 인생의 어느 시기에는 '극작가'로 거듭날 생각에 사로잡혀 온갖 생각을 다했다. 누군가가 자전거를 탄다고 하자 자신도 자전거를 배우고 싶어 몸살을 앓았다. 당시 자전거 타기란 높은 주의력을 요하는 새로운 신체 활동이었다. 그러다가 그는 마침내 그리스어에 푹 빠져버렸다. 그는 호메로스의 시를 원서로 읽기 위해 고대 그리스어를 배우기로 결심하고 그 어려운 원서 독해가 가능할 정도로 마스터했다"

《뇌를 훔친 소설가》 석영중

톨스토이가 늦은 나이에 그리스어를 배우기 시작했다는 사실보다도 '꿈에서도 그리스어를 중얼거릴 만큼' 간절한 마음으로 배웠다는 것에 감동을 느꼈다. 《죄와 벌》이라는 대작은 작가인 도스토옙스키가 시베리아로 유형을 떠나 죄수의 신분으로 지내면서 머릿속에 써두었던 것을 소설로 펴낸 것이다.

몇 년간 종이도 없이, 고된 노동을 하면서 소설을 쓴 도스토옙스키는 아인슈타인이나 레오나르도 다빈치와 같은 천재였을까? 필자는 도스토옙스키가 천재인지 아닌지를 증명할 수는 없다. 그렇지만 머릿속으로 써낼 만큼 소설에 대한 간절함이 있었다는 것은 느낄 수 있다. 톨스토이가 그리스어로 꿈을 꾼 것처럼 그의 간절함도 잠재력의 꽃을 피워낸 것이다.

'뇌 가소성'이라는 말을 들어본 적이 있는가? 쉽게 말하면 '뇌를 쓰면 쓸수록 더 발달된다'는 것이다. 어린 시절부터 점점 상승하다가 청, 장년기에 정점을 찍고 노년기로 갈수록 하강하는 인간의 체력과는 다르다. 몸은 쓸수록 쇠약해지고, 돈은 쓸수록 줄어들지만 뇌는 쓰면 쓸수록 더 복잡해지며, 정보간의 연결이 더 쉬워진다. 사람의 뇌세포는 아이나 어른이 같은 수준으로 가지고 있다고 한다. 다만 아이들에 비해 어른들의 신경세포 사이를 연결하는 시냅스가 더 발달되어있다. 경험이 많아질수록 시냅스간의 연결이 강화되고 더 발달되기 때문이다.

신경세포와 신경세포 사이를 연결하는 시냅스는 경험에 따라 촘촘해지면서 더 잘 연결되는데 어른의 뇌를 부장님의 직급에, 그리고 아이의 뇌를 신입사원에 비유해 볼 수 있다. 처음 일을 시작하는 신입사원은 '이 일은 이렇게, 저 일은 저렇게'라고 배우는 데만 몇 달이 걸리지만, 업계에서 잔뼈가 굵은 부장님은 많은 일을 당연하다는 듯 수월하게 해낼 것이다. 그리고 신입사원들의 눈에는 전혀 보이지 않는 일이 부장님의 눈에는 보이기도 한다. 그것은 처음 시냅스 사이를 연결하는 신입사원에 비해서 오랜 시간 동안 업무를 해온 부장님의 시냅스가 더 굵게 연결되어 있기 때문에 가능한 것이다.

지인이 일본여행을 다녀와서 카스텔라를 선물해주었다. 항상 먹어왔던 폭신폭신한 카스텔라와는 달리 쫀득쫀득하며 달달한 카스텔라의 맛은 새로웠다. 나중에 알고 보니, 그 카스텔라는 몇십 년간 이어온 가게의 빵이었다. 제빵의 공법은 카스텔라 장인이 고안한 것으로 이미 하나의 브랜드가 되어 있었다. 우리는 '새롭게 출시된' 자동차나 가방을 좋아하지만, 음식은 '몇십 년간 이어온' 것을 찾는 경향이 있다. 세상이 바뀌어도 변하지 않는 맛을 만들어내는 장인의 음식들을 더 신뢰하는 것이다. 필자는 이 장인들의 음식을 맛 볼 때면 '뇌 가소성'이라는 말이 떠오른다.

맛집을 찾아다니는 텔레비전 프로그램에서 한 도너츠 가게를 소개했다. 도너츠 가게 사장님은 매일 새벽 온 마을이 잠든 시간 깨어나 반죽을 만들고, 팥을 쑤기 시작한다. 몇십 년간 변하지 않는 도너츠 맛을 사랑하는 사람들은 매일 줄을 선다. 점심시간이 지날 무렵이면 이미 도너츠는 다 팔리고 없다.

매일 그 자리에서 묵묵하게 어제와 같은 조리법으로, 어제와 같은 음식을 만드는 모습만 보면 정체된 삶을 사는 것처럼 보일 수도 있다. 그런데 온 세상이 변하는 중에도 끊임없이 사람들의 입맛을 사로잡는 데는 장인의 정신이 깃들어 있기에 가능하다. 그렇지 않고서야 매일 새로운 것을 찾는 이 시대에 금방 도태되고 말 것이다.

변치 않는 맛을 위해 끊임없이 연구하여 자신을 성장시켜 나가는 장인들의 뇌가 바로 '뇌 가소성'을 증명한다. 누군가는 '나이가 들면 머리가 굳어지고, 시도하기엔 늦었다'고 말하지만 어떤 사람들은 묵은 간장처럼 진한 맛을 뿜어낸다.

경험이 쌓여갈수록 점점 성숙해가는 것. 그것이 바로 우리의 뇌다. 그것이 바로 필자의 뇌이며, 당신의 뇌다.

아인슈타인이나 모차르트와 같은 천재들만이 아니라, 인간 모두의 뇌에는 더 계발될 수 있는 잠재력이 있다. 당신도 도스토옙스키와 같은 간절함이 있다면 충분히 당신만의 잠재력을 꽃피울 수 있다.

톨스토이에게 한 청년이 '어떻게 하면 더 나은 삶을 살 수 있을까' 물었다. 그러자 톨스토이는 '좋은 사람을 만나라. 그렇지 못하거든 좋은 책을 읽어라'고 대답했다. 만약 우리 옆에 좋은 멘토가 있다면, 또 언제든지 만날 수 있다면 굳이 책을 읽지 않아도 괜찮을 것이다. 그렇지만 현실에는 바로 내 곁에서 좋은 멘토를 찾는 것이 쉽지 않다. 그래서 더욱 책을 열심히 읽어야 한다. 책 속의 위인들은 누구나 어디서든 손쉽게 만날 수 있기 때문이다. 책을 통해 만나는 멘토가 우리 삶에 영향을 끼칠 수 있는 이유는 바로 우리 뇌에 '거울 뉴런'이 있기 때문이다.

사람의 뇌에는 '타인의 행동을 마치 거울처럼 반사하는 신경세포'인 거울 뉴런이 있다. 이 뉴런은 타인이 어떤 몸짓을 하든 그 몸짓에 반응하는 것인데, 원숭이의 뇌를 살펴보던 한 신경생리학자가 발견했다. 연구원이 팔을 뻗을 때, 연구원을 바라보던 원숭이의 뇌에서 마치 원숭이 자신이 무언가를 집어 드는 것처럼 뇌의 한 부위가 반응을 보였던 것이다. 이 거울 뉴런은 인간의 뇌에도 존재한다.

아기가 부모의 행동을 따라하는 것도, '보고 배운다'는 말도 다 이 '거울 뉴런'이 있기 때문에 가능한 것이다. 거울 뉴런의 더욱 신기한 점은 '행동하는 것을 읽는 것'만으로도 활성화 된다는 것이다.

"스페인 학자들의 연구에 따르면, '라벤더, 시나몬, 비누' 등 냄새와 관련된 단어를 읽으면 언어중추가 발달되는 것뿐만 아니라 냄새를 감지하는 영역도 덩달아 활성화된다고 한다. 그 뿐만이 아니다. 에모리 대학의 실험결과에 따르면, '그는 좋은 목소리를 가졌다'라는 글을 읽을 때는 언어중추만 반응을 하지만 은유적인 표현, 예를 들어 '그는 벨벳과 같이 부드러운 목소리를 가졌다'라는 글을 읽을 때는 마치 손으로 벨벳을 만질 때와 같이 촉감을 느끼는 감각피질이 활성화되었다. 프랑스에서도 유사한 연구가 이루어졌는데 '존이 물건을 잡았다' 또는 '파블로가 공을 찼다' 와 같이 동작을 연상시키는 글을 읽으면 운동피질이 동시에 활성화되었다"

《처음 만나는 뇌과학 이야기》 양은우

저자의 이야기를 읽으면서 우리 뇌도 덩달아 경험한다. 소설 속의 주인공이 새콤한 레몬을 먹으면 우리 입 안에 침이 고이고, 등장인물의 나쁜 행동에 나도 모르게 주먹을 쥔다. 우리에게는 공감의 능력 또한 있기 때문에 책을 통해서도 멘토의 생각을 엿볼 수 있다. 위인들의 생각과 정신을 접할 수 있다. '여행은 서서 하는 독서이고, 독서는 앉아서 하는 여행'이라는 말도 있지 않은가. 여러 곳을 탐험하듯 독서를 통해서 위인들에게 배울 수 있다.

거울 뉴런을 가진 우리에게 독서는 수 많은 간접경험을 하는 것이다. 뇌를 가진 사람이라면 모두 독서를 통해 성장할 수 있는 가능성을 가지고 있다. 그러니 앞으로 '머리가 굳었다'거나 '이미 늦었다'는 말은 하지 말고 다시 한 번 독서하자.

우리의 뇌는 쓸수록 더 발달된다. 스스로 포기하지 않는 한, 사람은 죽을 때까지 성장할 수 있다. 우리는 어제보다 오늘 하루만큼 더 지혜로워졌다. 내일은 더 지혜로워질 수 있으니, 이 기회를 놓치지 말자.

한 나비를 연구하는 학자가 애벌레가 들어있는 번데기를 관찰하고 있었다. 학자는 번데기에서 나비가 빠져 나오는 모습이 힘들어 보여, 가위로 번데기 끝을 살짝 찢어 주었고 나비는 번데기에서 쉽게 빠져나왔다. 그러나 스스로의 힘으로 번데기를 찢지 못했던 나비는 세상에 나왔지만 날아다닐 수 없었다. 번데기를 뚫고 나오는 과정에서 길러지는 힘이 나비가 날갯짓을 하며 자유롭게 날아다니도록 만드는 원천이었던 것이다.

조벽교수는 '세상에 두 가지 유형의 사람이 있다'고 했다. '한 사람은 자신이 만든 내일을 사는 사람. 또 한 사람은 남이 만든 내일을 사는 사람'. 그리고 '내가 만든 내일을 사는 사람이 창의적인 사람'이라고 덧붙였다. 이제 우리가 사는 세상은 단순한 지식을 넘어서 '창의성', '창의적 인재', '창의적 발상' 등 생각하는 힘을 요구한다. '얼마나 많이 아느냐'보다 '어떻게 생각하느냐'가 더 중요한 시대가 온 것이다.

자신이 만든 내일을 살아가려면 스스로 '생각하는 힘'을 키워야한다. '어떻게 생각해야할지 생각하는 것'을 손쉽게 배울 수 있는 방법이 바로 독서이다. 독서를 하며 창의적이고 창조적이었던 위인들은 어떤 생각을 했는지 알 수 있다. 그리고 그 위에 자신만의 생각을 세울 수 있다.

<u>스스로의 힘으로 번데기를 찢고 나가려면 우리는 독서해야 한다.</u>

독서를 통해서 위인을 만나 그의 모든 생각을 그대로 답습하라는 말이 아니다. 위인들의 생각을 통해 간접경험을 하고, '거울'에 자신의 모습을 비추어 보듯 위인들의 생각에 자신의 생각을 비추어 보아야 한다. 그래서 더 나은 오늘을 살아가야 하고, 더 나은 나를 만나야 한다. 번데기를 찢긴 나비처럼, 부화기에서 태어나 사람의 손에서 자란 닭은 알을 품을 줄을 모른다고 한다.

알을 품게 되더라도 새끼를 기르는 정성이 보통의 닭과는 다르다. 닭이 본성을 잊고, 새끼를 낳아 기르는 힘을 잃어버린 것이다. 자신을 지키기 위해서 스스로 힘을 길러야 한다.

우리는 우리의 본성을 잊지 않고, 또 잃지 않으려면 스스로 생각하는 힘을 키워야 한다. 생각하는 힘을 키우는 가장 좋은 방법은 독서다. 우리 두뇌를 믿자. 지금도 당신의 두뇌는 독서를 하면서 조금씩 자라고 있다.

삶으로 이어지는 필사독서법

'이 책을 그냥 보낼 수 없다'는 갈급함으로!

요즘 필사 책이 유행하고 있다. 드라마 《도깨비》에서 주인공이 시집을 필사하는 장면이 여러 번 등장하면서 그 책의 판매부수도 부쩍 늘었다고 한다. 동시에 다양한 필사 책이 재조명 받고 있다. 필자는 책을 사랑하는 한 사람으로서 많은 사람들이 책을 통해 마음의 위로를 받는다는 소식이 반갑다. 필사가 '컬러링 북'처럼 하나의 힐링의 수단으로 잠시 유행하고 말 것은 아니라고 생각한다. 사실 필사 독서법은 아주 오래전부터 이어져온 독서의 한 방법이다. 소설가 조정래는 '필사는 열독중의 열독이다. 소설을 옮겨 쓰는 것은 백번 읽는 것보다 나은 일이다'고 말했다.

가족들과 전라도 여행을 갔다가 '태백산맥문학관'에 들렀던 적이 있다. 어릴 적이라 문학관의 전시품이 기억나는 것이 없는데, 그 중에서도 초등학생 키만큼 쌓여있던 원고지는 잊을 수가 없다. 엄청난 양의 원고지는 조정래 작가의 며느리가 소설 《태백산맥》을 필사한 것이었다. 당시에는 '도대체 왜 소설책을 손으로 옮겨쓰는지' 이해할 수 없었는데, 필사의 효과에 대한 글을 쓰는 지금, 어렸던 필자를 '조정래문학관'에 데려가 주신 부모님께 진심으로 감사드린다.

소설가 신경숙도 대학시절동안 여러 작품을 필사하는 훈련을 했다고 언급한 적이 있다. 그녀는 '작가가 되고 싶은데 그 방법을 몰라 좋은 작품을 매일 수 없이 따라서 썼다'고 한다. 시인 안도현은 '필사는 손가락 끝으로 고추장을 찍어보는 맛'이라고 비유했고, 소설가 헤밍웨이는 '하루에 일곱 자루의 연필을 해치우면서 필사'를 했다고 한다.

자신의 글을 쓰기에도 바쁠 것 같은 작가들이 눈으로 쉽게 읽을 수 있는 책을 굳이 손으로 한 자 한 자 써가며 읽는 데는 그만한 이유가 있을 것이다.

《이토록 멋진 문장이라면》에서 장석주 작가는 필사에 대해서 이렇게 소개한다.

"명문장은 지혜와 인생의 정수를 함축된 구조 속에 담아낸 문장이다. 더러 그것들은 거울이 되어 우리 내면을 비춰준다. 그 거울을 통해 자신의 내면을 들여다보고, 인생을 더 좋은 것으로 바꾸는 데 힘을 보탤 수가 있다."

"명문장을 베껴 쓰는 일은 그 작가에 대한 오마주다. 베껴쓰기는 교감을 나누는 것이다. 아울러 문장에 깃든 정신과 기품을 닮으려는 능동적인 마음의 발로를 보여준다. 베껴쓰는 사람은 문장의 정수 속으로 스민다."

글을 옮겨쓰는 것은 단순히 책의 내용을 베껴쓰는 글씨연습이 아니다. '지혜와 인생의 정수'가 담긴 문장을 읽으면서, 글 안에 깃든 작가의 정신을 닮으려 하는 것이다. 존경하는 작가와 교감을 나누는 것이고, 글의 정수에 풍덩 빠져드는 것이다. 많은 작가들이 다른 작가들의 글을 그저 읽어버리고 마는데 그치는 것이 아니라, 따라 쓴 이유는 바로 이 때문일 것이다.

시원스러우면서도 허전한 느낌만 남긴 수능이 끝나고 난 후, 도서관에 다니면서 무엇에도 방해받지 않고 실컷 소설을 읽었다. 수업시간에 선생님이 언급하셨던 책, 교과서에 나왔던 책, 제목이 끌리는 책들을 골라서 빌려왔다. 그 때 읽은 책들 중에서 아직도 선명하게 기억나는 책은 공지영 작가의 《우리들의 행복한 시간》인데, 이 책에는 주옥같은 글귀가 많아서 필사해두고 자주 읽었기 때문이다. 읽은 책을 읽고 또 읽는 동안 도서관에서 빌린 책의 반납하는 날짜가 다가왔다. 당장 손에서 이 책이 멀어지는 것이 싫다는 생각에 좋은 글귀들을 옮겨 쓰기 시작했다. 예쁜 것이 좋은 줄 알았던 때라, '예쁜' 수첩을 사서 '예쁜' 색깔 볼펜으로 최대한 '예쁘게' 썼다. 책을 읽다가 내가 만난 좋은 글귀를 예쁘게 써놓으니 자꾸만 보고 싶었다. 매일 들고 다니면서 지하철을 타거나, 학원 수업이 쉬는 동안 틈틈이 들여다보았다. 이렇게 빌려 읽은 책들의 좋은 글귀를 메모하면서 필사가 시작된 것이다.

수능이 끝나고 시작했던 한 구절 메모는 꾸준히 이어졌다. 도서관에서 책을 빌려서 읽고, 반납하기 전에 꼭 좋은 구절을 나의 노트에 옮겨두었다. 한 장씩 노트가 채워질수록 왠지 모를 든든함이 생겼다. 이상하게도 마음이 답답할 때나 고민이 생길 때, 한 구절 메모장을 뒤지면 '정답을 찾아내듯' 하나라도 절실히 필요한 구절을 찾을 수 있었다. 그래서 마치 유태인들이 탈무드를 읽으며 지혜를 구하듯 스스로 써둔 글귀들을 보면서 지혜를 구했고, 위로를 받았다.

한 때는 한 구절 메모장을 군대에 간 동생에게 보내기도 했다. 타지에서 홀로 고생할 동생을 생각하면서 힘이 되는 무언가를 주고 싶었다. 그래서 소중하게 여겼던 한 구절 메모장을 동생에게 보내주었다. '짧게 좋은 구절과 명언을 담았으니, 힘이 들 때 한 번씩 읽어보라'는 마음이었다. 동생에게 그 메모장이 힘이 되었을지 아닐지 확신할 수는 없지만, 나는 '줄 수 있는 게 이 목소리밖에 없다'는 노랫말처럼 사랑하는 동생에게 줄 수 있는 가장 좋은 것이 내가 모아둔 아끼는 글귀들이라고 생각했다.

한 구절씩 옮겨 쓰는 것에 만족했던 나는 어느 새 좀 더 큰 노트를 사고, 더 긴 문장을 필사하기 시작했다. 이제는 도서관에서 빌린 책에 좋은 문장이 더 많았고, 팔이 아파도 그 책을 그냥 반납해버릴 수가 없었다. 그래서 무식하게 쓰고 또 썼다. 어떤 날엔 '기술이 이렇게도 발달한 21세기에 도대체 이게 무슨 짓인가' 싶기도 했다. 당시에는 필사의 효과를 전혀 몰랐지만, 컴퓨터가 아니라 내 손으로 직접 써야 마음이 개운하다는 기분이 들었다. 시간이 걸려도 어쩔 수 없었다. 이왕 쓰는 거 '손에 굳은 살 생길 때까지' 써 본다는 오기로 계속했다.

읽은 것을 기억하기 위해서 손으로 옮겨 쓰는 것은 어떻게 보면 참으로 효율성이 떨어진다. 1초면 눈으로 쓱 훑어버릴 수 있는 문장을, 30초면 쉽게 타자로 옮겨 칠 수 있는 그 문장을 손으로 옮겨 쓰려면 몇 번을 다시 봐야 한다. 어떨 때는 눈으로 읽던 부분을 놓쳐서 몇 초를 헤매다가 결국에는 소리 내어 읽으면서 필사한다. '누가 하라고' 한 적도 없고, 꼭 해야 할 필요도 없는 일인데 꽤 많은 시간을 들이며 옮겨 쓴다.

그렇지만 바로 이러한 이유들 때문에 필사가 효과적이기도 하다.

한 번 읽은 것을 손으로 옮겨 쓰면, 자연스레 두 번, 세 번 다시 읽게 된다. '이런 문장이 있었나' 생각이 들 만큼 새롭게 느껴지는 글도 있다. 30초면 쉽게 타자로 옮겨 칠 수 있는 그 문장을 손으로 꾹꾹 눌러 쓰면서 눈으로만 글을 읽는 것이 아니라, 손으로도 읽게 된다.

눈으로 읽던 부분을 놓칠 때는 자연스럽게 입으로 외면서 쓰는데, 이것은 오감을 자극한다. 그저 눈으로만 훑고 지나갈 수도 있었던 문장을 소리 내어 읽으면, 눈으로 보고, 입으로 말하고, 귀로 듣고, 손으로 느끼며 그 문장을 맛볼 수 있다.

온 몸으로 읽은 책은 온 몸에 새겨진다. 필자도 가끔 책을 한참을 읽고 나서야 이전에 읽었던 책인 것을 깨닫는 경우가 있다. 우리 뇌는 종종 읽었던 책을 '읽었다는 사실'조차 까먹을 정도로 바보스럽기도 하다. 반면에 손으로 쓰면서 읽은 책은 수 년이 흘러도 기억난다. 아마도 그지 한 번 읽고 말았던 책보다 손으로 써 보았던 책을 뇌에서 더욱 친근하게 느끼기 때문일 것이다. 오감을 자극하면서 읽은 책은 더 많이 기억날 수 밖에 없다. 더 많은 집중력을 필요로 하는 만큼 더 오랫동안 우리 안에 남아 있는 것이 바로 필사 독서법이다.

전쟁에 나가면서도 수레에 책을 실어 갔다는 나폴레옹은 수 많은 책을 언제나 정독했다. 책을 읽은 후에는 반드시 발췌록을 만들어 두거나 메모를 남겨두었는데, 그 결과 특별한 두뇌구조를 갖게 되었다. '서랍 속에 물건을 종류별로 정리하듯이 머릿속에 다양한 지식을 체계적으로 보관해두고 필요할 때 꺼내 사용할 수 있었다'고 한다. 또 다른 독서 왕 링컨 대통령은 가난한 시절 일하면서 틈틈이 독서를 했다. 그는 '언제 어디서든 책을 읽다가 필요할 때 기록하기 위해서' 항상 모자 속에 종이와 연필을 넣어 가지고 다녔다.

'복숭아뼈에 구멍이 날 정도로 읽고 썼다'는 다산 정약용은 《두 아들에게 답함》이라는 편지에 이런 글을 남겨 두었다.

> "초서의 방법은 먼저 자신의 생각을 정리한 후 어느 정도 정리가 되면, 그 후에 그 생각을 기준으로 취할 것은 취하고 버릴 것은 버리면서 취사선택이 가능하게 하는 것이다. 어느 정도 자신의 견해가 성립된 후 선택하고 싶은 문장과 견해는 뽑아서 따로 필기해서 간추려 놓아야 한다. 그런 식으로 한 권의 책을 읽더라도 자신의 공부에 도움이 되는 것은 뽑아서 적고 보관하고, 그렇지 않은 것은 재빨리 넘어가야 한다. 이런 방법으로 독서를 하면 백 권의 책이라도 열흘이면 다 읽을 수 있고, 자신의 것으로 삼을 수 있게 된다."
>
> 《나를 키우는 힘, 평생독서》 김병완

위대한 독서가들이 '발췌'와 '메모' 그리고 '초서'라는 방법을 사용하였다. 책을 읽는 것도 중요하지만, 읽은 것을 기억하는 것도 그만큼 중요하기 때문일 것이다. 필사는 아주 오랜 시간 동안 여러 위인들을 통해 검증된 '기억독서법'인 것이다.

남의 글이 나의 글로, 필사노트가 강의노트로 변하는 순간!

지난 해 마인드 파워의 중요성을 강조한 조성희 작가의 《뜨겁게 나를 응원한다》라는 책을 읽고, 100일간 유명인의 성공명언을 따라 써보았다. 어떻게 마인드 하나로 많은 일을 해내는지 알고 싶었고, 인내심이 부족한 필자가 100일간 무언가를 계속해나갈 수 있을지 궁금했다. 꾸준히 쓰는 습관을 들이기 위해서 블로그와 독서모임카페에 매일 타인의 성공명언을 쓰고, 그것을 필자만의 독서 명언으로 바꾸어보았다.

사람은 책을 만들고, 책은 사람을 만든다. -신용호
나는 좋은 책을 읽고, 좋은 책은 좋은 나를 만든다. -진가록

하루라도 책을 읽지 않으면 입에 가시가 돋는다. -안중근
하루 종일 책을 들고만 다니고 읽지 않았더니 입에 가시가 돋았다.(책이 무거웠나…) -진가록

독서와 마음의 관계는 운동과 몸과의 관계와 같다. -R.스틸
몸의 근육을 만들고 싶다면 운동을 하고, 마음의 근육을 만들고 싶다면 독서를 하라. -진가록

책을 읽음에 어찌 장소를 가릴 것이랴? −이퇴계
진정한 독서가가 어찌 책을 가릴 것이랴? −진가록

단 한 권의 책밖에 읽은 적이 없는 인간을 경계하라. −디즈데일리
무수한 책을 읽었다고 '오만하는 자신'을 스스로 경계하라. −진가록

독서란 자기의 머리가 남의 머리로 생각하는 일이다. −쇼펜하우어
독서란 자기 머릿속에 저자를 초대하는 것이다. −진가록

책읽기는 '엄마와 아기의 눈맞춤'이다.
바쁜 하루를 보내다가 아기와 눈을 맞춘 엄마가 싱긋이 미소 짓듯 새롭게 희망과 삶의 이유를 깨닫게 하는 것이다.
　　　　　　　　　　　　　　　　　　−진가록

　100일간 명언쓰기를 해보고 필자가 느낀 점은 필사는 단순히 '글을 옮겨 쓰는 행위'가 아니라는 것이다. 꾸준히 다른 사람의 글을 따라 쓰기만 했는데, 어느 새 한 줄 두 줄 자신만의 생각을 쓸 수 있게 되었다. 명언을 읽다보니 자연스레 '그 사람이 어떤 가치관을 가지고 있는지', '무엇을 중요하게 생각하는 사람'인지 느낄 수 있었다. 글을 따라 쓰는 것은 작가의 정신을 배우는 것이다. 한 자 한 자 따라 쓴 글은 파란 하늘에 노을이 퍼져나가듯이 서서히 나의 정신을 작가의

정신으로 물들이는 것이다. 노을로 인해 하늘의 색깔이 더욱 다채롭게 채워지듯 나의 정신 또한 풍요롭게 채워지는 것이다.

필사를 하면서 명언의 내용에 대해 '나의 생각을 쓰고싶다'는 생각이 들었다. 명언을 읽으면서 감탄하기도 하고, 비슷한 내용으로 바꾸어 써보기도 하고, 또 반박도 하면서 짧은 글을 쓰게 되었다.
수 많은 작가들도 젊은 시절에 다른 작가들의 작품을 필사했다는 이야기를 들으니 더 신이 났다. 누군가의 글을 따라 쓰는 것이 영영 창의성과는 거리가 먼 줄 알았는데, 오히려 창의력을 키우기 위한 공부와 연습의 한 방법이라니 필사만큼 쉬운 작가연습도 없다는 생각이 들었다.

독서모임에 참여한 지 1년 쯤 지났을 때, '책 한 권을 주제로 강의를 해보라'는 권유를 받았나. 마음이 두려우면서도 한편으로 강사가 된다는 생각에 설레었다. 한 번 읽은 책을 읽고, 또 읽었다. 과연 짧은 시간 안에 어떻게 책 한 권의 내용을 소개하고, 한 시간 정도의 독서모임을 진행해 나갈지 고민이 되었다. 책을 읽고 요약하고, 다시 읽고 요약하기를 반복했다. 독서노트를 끝없이 고쳐가면서 새로운 아이디어를 추가했다. 며칠을 준비한 첫 강의를 덜덜 떨면서 진행했던 그 날은 아직도 잊히지 않는다.
모임을 시작한지 3년이 넘은 지금은 책 한권을 읽고, 강의 준비를 하는 것은 전혀 어려운 일이 아니다. 책을 읽는 동시에 간단한 메모를 하면서 강의노트를 만든다. 그 다음에 책에 관한 자료조사를 통해 저자와 책의 내용에 대한 배경지식을 추가한다. 마지막으로 다시 한 번 강의 흐름을 정리하면서 강의노트를 작성한다. 가끔 비슷한 주제의 다른 책을 함께 소개하기도 하고, 작가가 썼던 다른 책과 비교하면서 심도 있게 책을 분석해 보기도 한다. 어느 새 한 구절 메모로 시작했던 나의 독서노트는 그저 따라 쓰는 필사의 단계를 지나, 강의노트가 되어 있었다.

독서를 하는 데에 그리고 독서노트를 작성하는 데에 어떤 단계가 있는 것은 아니다. 한 권의 책을 읽더라도 그것을 나만의 책으로 만드는 것에는 여러 가지 방법이 있을 수 있고, 그 방법은 사람마다 다르게 적용될 수 있다. 다만 필자가 '필사'를 시작한 계기는 '한 구절 메모장' 때문이었다.

어떤 방법이든 스스로 한 권의 책이라도 그냥 보내지 않겠다는 마음을 먹는다면, 어떠한 방식으로든 그 책을 마음 속에, 기억 속에 남길 수 있다. 또한 당신이 멈추지 않는다면 매 순간, 조금씩 성장할 것이 틀림없다. 당신의 독서노트가 당신이 성장해 온 과정을 보여줄 것이다.

책장 한 쪽에 꽂혀있는 필사노트를 보니, 그것들이 나무에 있는 나이테 같다는 생각이 든다. 독서를 하고, 필사노트들을 만들어가는 순간에는 잘 자라고 있는 것인지 속을 갈라서 볼 수가 없다. 그렇지만 많은 시간이 흐른 후에 필자의 노트를 들여다 보면, 그동안 읽어온 책들을 따라서 필자의 성장 흐름이 보인다. 마냥 글귀가 좋아서 옮겨 써 놓은 것도 있고, 가슴을 찌르는 한 구절을 놓칠 수 없어서 써 놓은 것도 있다. 자신의 생각은 하나 없이 연필이 닳도록 베껴 쓰기만 해 보기도 했고, 작가의 생각에 반대하는 의견을 덧붙여보기도 했다.

필사는 우리의 뇌에 흔적을 남기는 독서 나이테다. 모든 시간이 흘러서 지금의 내가 만들어진 것이다. 나무의 나이테를 보면, 나이테 간의 굵기는 조금씩 다르다. 전문가들은 나이테만 살펴보아도 '어느 해에 물이 부족했는지, 그래서 성장이 더뎠는지, 또 어느 해에 훌쩍 커버렸는지'를 알 수 있다고 한다.

독서노트도 마찬가지다. 당신이 스스로 채워나간 독서노트를 다시 보면 언제 자신이 정체되어 있었는지, 언제 폭발적으로 성장했는지 알 수 있다. 그래서 자신의 성장 흐름을 관찰할 수 있다.

독서노트의 더 큰 장점은 '당신이 매 순간 성장하고 있다는 희망'을 주는 것이다. 책 한 권으로 사람이 얼마나 변할지 알 수 없지만, 수 많은 책들이 오롯이 쌓여가는 것은 무시할 수가 없다. 미켈란젤로의 명언 중에서 좋아하는 말이 있다.

"작은 일이 모여 위대함을 만든다. 그리고 위대함은 결코 작은 일이 아니다."

매일 자신이 작성하는 독서노트는 아주 작은 일처럼 보인다. 그렇지만 그것이 쌓이면 위대한 당신의 자산이 된다. 그리고 그것은 더 이상 작은 것이 아니다. 당신의 독서 나이테는 독서노트와 함께 매 순간 성장한다. 필사노트를 쓸 때 책을 읽으면서 좋았던 것만 옮겨 놓더라도 시간이 조금만 지나서 보면, '내가 왜 이런 글이 좋았을까?' 싶을 때가 있다. 그 때, 그 순간, 그 글이 당신의 마음을 '툭' 건드리고 지나간 것이다. 당신의 독서노트는 당시의 마음 상태를 보여주는 거울이다. '아. 내가 이 시기에 이런 고민을 했구나'를 떠올리고, '이 시기를 이렇게 지나왔구나' 깨닫고, 스스로 얼마나 성장했는지 볼 수 있다.

    우리의 인생이 모여서 큰 그림을 그려나가는 것이라면, 지금 이 순간 내가 찍는 점이 그림의 어느 부분인지 알 수 없다. 점의 색깔이 힘든 순간의 마음처럼 어두워서 좋게 보이지 않을 수도 있다. 그렇지만 시간이 흘러서 자신이 그려온 그림이 한 눈에 보일 때가 있다.
    "저 색깔을 칠할 때는 참 힘들었는데, 이 그림에서 아주 중요한 부분이었구나"라는 생각이 들 것이다. 당신이 살면서 겪는 좋은 일도, 힘든 일도 모두 당신이라는 삶을 이루는 중요한 부분이듯 독서노트도 마찬가지다. 좋은 책, 싫은 책, 재밌는 책, 지겨운 책 등 모든 책들이 당신의 커다란 독서 나이테를 그리기 위해 필요하다. 좋은 책을 고르는 안목도 좋지 않은 책들을 읽어봐야 생기는 것이다.

오늘 당장 시작해보라. 자신에게 좋은 독서노트 방법을 찾기 위해서라도 지금 시작하는 것이 더 좋다. 당신이 좋은 책을 기억하려고 마음 먹는다면 그 모든 필사는 당신을 더 좋은 곳으로 인도할 것이다. 독서노트를 보면서 당신이 매 순간 성장하고 있음을 느낄 수 있을 것이다. 그래서 당신의 한 구절 메모가 필사노트가 되고, 다시 그 필사노트가 당신 만의 강의노트가 되는 날이 올 것이다. 독서노트가 쌓여감에 따라 당신의 성장을 느껴 더 행복할 것이다.

뇌에 그리는 독서노트, 마인드맵

 독서노트를 꼭 써야 할까? 만약 당신이 세종대왕처럼 책 한 권을 읽고, 읽고, 또 읽을 자신이 있다면 굳이 독서노트를 쓸 필요는 없다. 어차피 읽고 또 읽는 동안 그 내용이 머릿속에 그리고 마음속에 한 자 한 자 새겨질 것이기 때문이다. 또한 당신이 한 번 읽고 한 번 실천하는 사람이라면 독서노트를 쓰느라 시간을 낭비할 필요가 없다. 이미 읽은 것을 삶에 적용하며 살고 있기 때문이다. 그런데 만약 당신이 '읽은 것을 제대로 기억하고 싶다'거나, '책을 아무리 읽어도 변화가 없다'라고 느낀다면 필자는 '독서노트를 써보라'고 권하고 싶다.
 필자는 '독서노트를 써야한다'라는 조언을 듣고 필사를 시작한 것은 아니지만 메모로 시작하여 독서노트를 몇 년간 써오면서 그 중요성을 확실하게 느꼈다. 앞서 필사 부분에서 독서노트의 필요성을 언급했는데, 이번 파트에서는 필자가 독서노트를 쓰면서 '어떻게 하면 효율적으로 독서노트를 쓸 수 있을까?' 고민해왔던 결과물을 만날 수

있다. 눈으로 읽은 책을 다시 한 번 눈으로 확인하는 것이 반복 독서였고, 손으로 다시 읽는 것이 필사였다. 머리로 이해한 책의 내용을 눈으로, 손으로 다시 한 번 기억하는 것은 좋은 기억방법이다. 반복과 필사가 우리 마음에 안정을 준다면, 이번 파트에서 소개할 마인드맵 독서노트 방법은 우리에게 창의성을 더해 줄 수 있다.

마인드맵이란?

초등학교 '마인드맵'이라는 것을 배우고 일기를 마인드맵의 형식으로 쓰기 시작했다. 마인드맵은 나에게 일기가 너무 쓰기 싫은 날 이용하는 패스카드같은 것이었다. 주제를 가운데 써두고 주제와 관련하여 떠오르는 것들을 적어나가면 되는 것이라 정말 쉽게 일기장을 가득 채울 수 있었다. 초등학교를 졸업한 후로 거의 마인드맵을 활용한 적은 없었다. 한창 독서모임을 운영하면서 '어떤 독서노트가 좋을까' 고민하던 차에 마인드맵에 관한 강연을 들었다. '마인드맵이 무엇'인지, '마인드맵이 어떻게 효율적'인지, '마인드맵을 어디에 활용하면 되는지' 설명을 듣다가 문득 독서노트를 마인드맵으로 만들면 되겠다는 생각이 떠올랐다. 알고 보니 마인드맵을 창시한 토니 부잔 또한 '수업시간에 학생들이 쓰는 노트를 개선할 방법으로 마인드맵을 고안한 것'이라고 했다.

토니 부잔이 고안한 마인드맵은 한 가지 주제에 대해 떠오르는 생각들을 방사형으로 펼쳐나가면서 표현한 것이다. 놀랍게도 하나의 주제에서 파생되는 여러 가지 생각들을 표현한 마인드맵의 모습이 뇌에서 시냅스와 신경세포가 정보를 전달하는 모습과 아주 유사하다. 마치 사람의 뇌의 생각의 흐름을 그대로 종이에 옮겨 놓은 것 같다. '사과'를 떠올리면 무슨 생각이 드는가? 필자는 사과나무, 큰아버지, 시골, 하늘색, 백설공주, 아침독서모임 등이 떠오른다. 왜냐하면 큰아버지께서 시골에서 사과농장을 하시고, 놀러갈 때마다 하늘색과 대비되어 빨갛게 익은 사과가 참 예쁘다고 생각했기 때문이다. 그리고 아침독서모임 때마다 종종 사과를 깎아먹어서 유독 사과하면 독서모임이 떠오른다. 이렇게 하나의 단어를 머릿속에 떠올렸을 때, 곧장 떠오른 단어들을 즉시 종이에 써 넣는 것이 바로 사과에 대한 마인드맵이다.

똑같은 주제를 던져주어도 모두 연상되는 단어가 같지 않다는 것 또한 마인드맵의 매력이다. '사과'라는 단어를 읽고 머릿속에 떠오른 단어들이 필자의 것과 모두 같을 수는 없을 것이다.

토니 부잔은 '아무리 많은 사람이 모여도 마인드맵은 절대 같을 수 없다'고 강력하게 주장한다. 사람마다, 서로 다른 경험에 따라 마인드맵 독서노트는 달라질 수 있고, 남의 것과는 다른 당신만의 독서노트가 된다.

하얀 종이에 글씨만 빽빽하게 채워둔 노트와 다르게 마인드맵 독서노트는 색상, 그림, 부호 등을 더해서 개성에 따라 재미있고, 예쁘게 꾸며볼 수 있다. 눈으로 읽고, 손으로 쓰는 좌뇌 위주의 노트에 비해서 마인드맵은 그림, 도형, 도식 등 우뇌까지 활용하기 때문에 좌, 우뇌가 동시에 발달된다. 토니 부잔은 '이 방법이 두뇌의 잠재력을 깨워 자연스럽게 정보를 받아들이고 쏟아내게 한다'고 생각했다. 천재적인 예술가이자, 과학자인 레오나르도 다빈치의 노트는 '단어, 상징, 순서, 목록, 분석, 조합, 시각적 리듬, 숫자, 이미지, 입체, 게슈탈트 등을 사용하여 정리'되어 있는데, 여기서 그의 전뇌적인 면모가 드러난다. 토니 부잔에 따르면, '위대한 두뇌를 가졌던 사람들이 직선식 사고를 하는 동시대인과는 달리 방사사고와 마인드맵 원리를 직관적으로 사용했었다'고 한다. 다음의 실험은 마인드맵이 '기억'에 얼마나 효과적인지 잘 보여준다.

"9~10세의 아이들에게 두뇌, 잡지, 걱정, 진실 등과 같은 단어를 학습시킨 후에 아이들을 세 그룹으로 나누었다. 1그룹에 소속된 아이들에게는 단어와 그 뜻을 읽은 다음, 단어와 뜻을 쓰고 단어와 뜻 둘 다에 해당하는 자신만의 이미지를 만들어 그리게 했다. 2그룹의 아이들에게는 1그룹과 똑같은 과정이지만 자신만의 이미지를 만드는 대신 단어의 그림만을 그리게 했다. 3그룹에 소속된 아이들에게는 단어와 그 뜻을 반복해서 적게만 했다.
일주일 후에 아이들이 단어와 그 뜻을 얼마만큼 기억해낼 수 있는지 테스트를 하자, 단어와 그 뜻에 대한 자신만의 이미지들을 만들어 그렸던 1그룹의 아이들이 월등히 좋은 성적을 냈다고 한다. 반면 어떤 그림도 그리지 않았던 3그룹의 아이들이 결과가 가장 좋지 않았다"

《토니 부잔의 마인드맵 북》

이 실험을 통해서 이미지가 기억에 영향을 미친다는 것과 자신만의 이미지를 만들어내는 것이 기억에 효과적이라는 것을 알 수 있다. 자신만의 이미지를 만들어내는 것이 바로 마인드 맵이다. 그저 '단어와 그 뜻을 반복해서 적었던' 그룹과는 다르게 '단어에 해당하는 자신만의 이미지를 만들어 그린' 그룹의 아이들은 일주일이 지난 후에도 더 많은 것을 기억해냈다. 아이들의 머릿속에 단어에 대한 이미지와 함께 자신만의 '의미있는 개념'이 생겼기 때문이다.

'내가 그의 이름을 불러주기 전에는 그는 하나의 몸짓에 지나지 않지만, 내가 그의 이름을 불러주었을 때 그는 나에게로 와서 꽃이 되었다'는 김춘수 시인의 '꽃'이라는 시처럼, 자신이 개념을 새롭게 정의해 봄으로써 더욱 특별하게 기억되는 것이다.

토니 부잔의 마인드맵도 좋지만 당신만의 마인드맵을 만들어 보기를 추천한다. 규칙에 얽매이는 것 그 자체가 마인드맵의 취지와는 맞지 않다. 어떤 형식, 어떤 주제로 마인드맵을 그려나가 볼 것인가 고민하는 동안 당신의 창의성이 꽃피기 시작한다. 교과서나 회의자료 뿐만 아니라 소설, 시로도 마인드맵을 그려볼 수 있다.

필자는 소설 속에 등장하는 인물들의 성격을 분류해 보려고 각 인물들의 대사에서 자주 언급되는 단어들을 키워드로 하여 마인드맵을 그려보았다. 과제도 아니고, 일도 아니었는데 재미있게 소설 속의 캐릭터를 분석해 볼 수 있었고, '어떤 장르의 책이라도 나만의 방식으로 기억할 수 있다'는 자신감이 생겼다.

마인드맵이란 이름 그대로 '생각의 지도'이다. 자신이 생각한 것을 지도처럼 이미지화한 것이 바로 마인드맵이다. 처음부터 한 권의 책을 한 눈에 볼 수 있게 정리하려고 욕심낼 필요는 없다. '책을 요약하는 키워드의 개수를 점점 늘려나가면 된다'는 마음으로 일단 시작하자.

책을 다 읽은 후에 책을 덮고 나면 무엇이 떠오르는가? 혹시 아무것도 떠오르지 않아 불안하지는 않은가? 그럴 때는 책을 내려두고 잠시 쉬어야 한다. 뇌는 된장이나 고추장처럼 습득한 정보를 발효시킬 시간이 필요하다. 무언가를 배우고 난 후에 쉬고 있을 때, 우리의 뇌는 그것을 분류하고 정리하는 시간을 갖는다.

충분히 쉬어준 후에 다시 읽었던 책을 머릿속에 떠올려 보자. 몇 가지 단어들이 머릿속에 떠다닐 것이다. 쉬고 난 후에도 기억나는 것이 없다면, 책을 훑는다는 생각으로 빠르게 살펴보자. 당신에게 어떤 이야기가 인상 깊게 남아있는가? 어떤 단어가 계속 반복되어 등장했는가? 머릿속에 떠오르는 단어들을 흰 종이에 적어 나간다. 바로 그것이 처음으로 당신이 완성한 독서 마인드맵이다.

  책의 내용을 기억해내면서 마인드맵을 그리는 것이 부담스럽다면, 처음에는 책의 목차를 따라서 요약정리를 해보는 것도 좋다. 책을 간단하게 요약하는 과정에서 책의 구조를 더 빨리 파악할 수 있고, 이런 과정이 반복되면 책의 내용을 전보다 더 쉽게 파악할 수 있다. 필자는 책을 요약하면서 조금씩 '나만의' 생각을 덧붙여 나갔더니, 곧 필자만의 강의노트가 생겨났다.

  독서모임에 꾸준히 참여하는 필자의 친구가 '독서노트를 효율적으로 써보고 싶다'고 고민을 하길래 마인드맵 독서노트 작성법을 알려주었다. 뭐든 쉽게 잘 배우는 친구라 스스로 시행착오를 거치며 연습하는 것이 보였다. 시간이 지나자 친구는 필자에게 몇 주 뒤에 이런 피드백을 보내왔다.

  "읽었던 책의 내용이 가물가물, 내 기억력이 오래 못갔다. 아무리 책이 좋아도 기억을 못하는데 그게 무슨 소용인가! 직장생활 스트레스로 힘들어할 때 독서모임에서 '삼성의 임원은 어떻게 일하는가(김종원)'라는 책을 추천받았다. 책을 반쯤 읽었을 때 어디서 본 익숙한 내용이라는 생각이 들었다. 알고 보니 2년 전에 읽었던 책이었다. 20년 전에 본 것도 아니고 2년 전에 읽은 책인데, 읽었는지 안 읽었는지조차 기억이 안나다니!

그래서 독서모임 친구에게 도움을 요청했다. 친구는 마인드맵을 사용한 독서 마무리를 가르쳐 주었다. 핵심 단어들로 마인드맵을 만들면 20분이면 책의 내용을 정리할 수 있다. 또한 마인드맵을 그릴 때 책 내용은 물론이고, '나만의 생각'을 가지치기 하면 세상에서 하나밖에 없는 나의 독후감이 된다. 나는 내가 읽었던 책들과 공통점(차이점), 내 삶에 적용시킬 점 부분을 주로 적었다. 마무리로 큰 가지들을 다른 색으로 색칠해주면 색칠놀이처럼 재미도 있고 보기도 좋다. 그리고 일주일 혹은 한, 두 달 후에 부담 없이 1~2분만 훑어보아도 책속의 보물을 훨씬 오래 기억할 수 있다"

처음에는 누구나 완벽할 수 없다. 그리고 사람에 따라 다양하고 자유롭게 그릴 수 있는 마인드맵에 '완벽'이라는 단어는 어울리지 않는다. 마인드맵의 장점은 당신이 아는 대로 많은 것을 쓸 수 있는 것이며, 단점은 당신이 아는 만큼만 쓸 수 밖에 없는 것이다. 그러니 책을 한 권씩 읽어나가며, 당신의 생각의 지도가 넓어지는 것을 관찰해 보라. 처음에는 책 속에 있는 단어 몇 개만 겨우 생각이 났다면, 시간

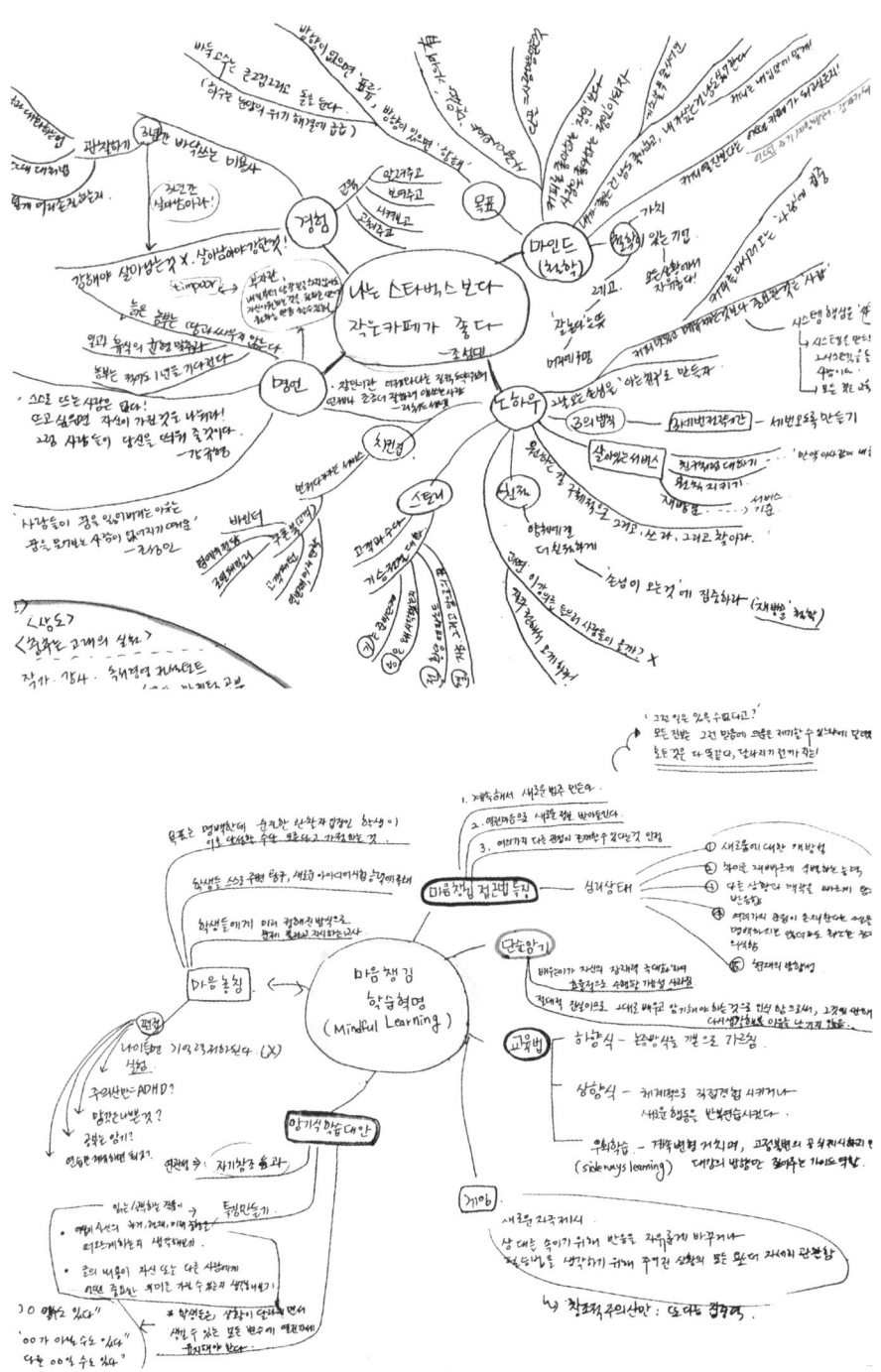

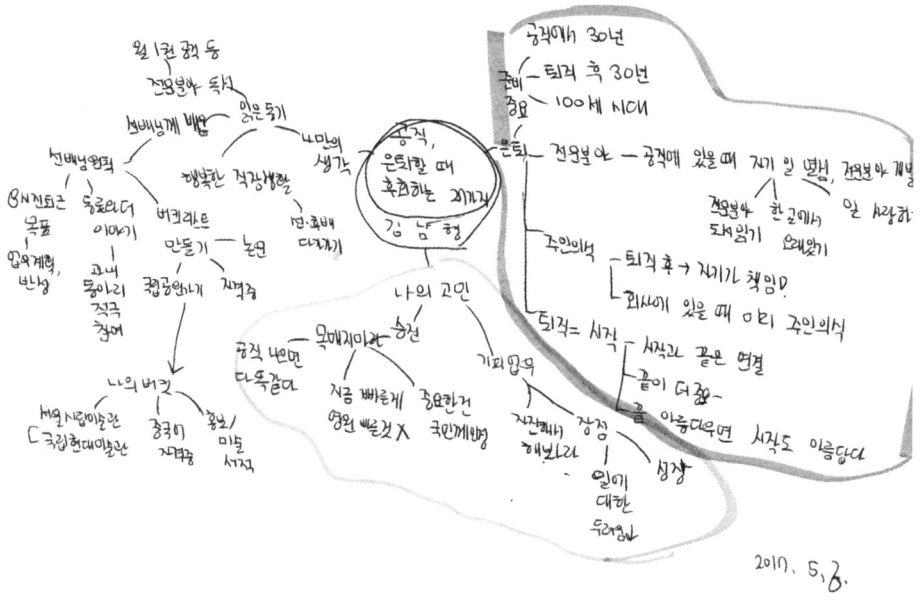

이 지날수록 책 이외의 경험과 지식까지 덧붙여져 한 여름의 나무처럼 울창한 마인드맵이 그려질 것이다. '나만의 노트'를 만드는 방법에 정답은 없다. 정말 모든 것이 '자신'에게 달려있고, 자신만의 방법으로 만든 것이 진짜 '자신의 노트'이다.

'독서는 두뇌의 전 영역을 고르게 발달시켜주고, 신경회로의 연결을 더욱 단단하게 해준다'고 한다. 또한 당신이 읽은 것으로 당신의 성장을 지켜볼 수 있는 방법이 바로 독서노트를 작성하는 것이다. 효율적인 독서노트를 고민하는 시간이 길어지면서 필자의 독서노트는 강의노트로 발전했다. 그 사이에 필자의 노트 작성법은 필사에서 마인드맵으로 바뀌기도 했다. 사람마다, 그리고 책마다 효율적으로 독서노트를 쓰는 방법이 달라질 수 있다. 마인드맵 또한 그 방법 중의 하나다. '나만의 독서노트'를 만들 수 있는 것은 자신뿐이기 때문에 다양한 시도를 해볼수록 더 좋을 것이다.

　세계기억력대회의 챔피언들이 사용하는 기억비법 중에 '기억 궁전'이라는 것이 있다. 기억 궁전은 로마의 철학자가 키케로에 의해서 소개되었는데 '여정 기억법', '로마인의 방'이라고도 불린다. 키케로는 연설을 할 때면 긴 연설문을 보지도 않고 틀림없이 기억해냈다. 그는 자신에게 익숙한 방을 상상하면서 그 방 곳곳에 연설문 내용을 배치해두고, 순서에 맞게 하나씩 꺼내어 읽었다. '연설문의 내용을 순서대로 방 안에 배치하고 나면 아무리 긴 연설문이라도 머릿속에서 방 모양을 떠올리는 것만으로 모두 기억할 수 있었다'고 한다.

　소설가 무라카미 하루키는 '좋은 글감을 만나면 분류하기 위한 간단한 라벨을 붙여서 머릿속의 캐비닛에 보관한다'고 한다. 전용 노트도 있지만 그것보다 머릿속에 넣는 것을 더 좋아하는데, 그 이유는 노트는 안 들고 다닐 수 있지만 머리는 항상 가지고 다니기 때문이다. 그의 머릿속에는 '큼직한 캐비닛이 있고 그 하나하나의 서랍에는 다양한 기억이 정보로서 채워져'있다. 이 서랍은 무라카미 하루키가 소설을 쓰다가 필요에 따라 소재를 꺼내 쓰는 용도이다. 신기한 것은 캐비닛의 수가 방대함에도 불구하고 그가 '소설쓰기에 집중하면 어디에 있는 어떤 서랍에 무엇이 들어있는지 자동적으로 떠오른다'는 것이다.

기억력 챔피언들과 무라카미 하루키는 머릿속에 기억을 차곡차곡 정리할 수 있는 시스템을 만들어 놓았다. 참고할 것은 그들의 두뇌가 남과 달리 뛰어나서 모든 것을 기억할 수 있는 것이 아니라는 것이다. '어떻게 효율적으로 기억할 것인가' 고민한 그들은 자신에게 맞는 방법으로 두뇌를 활용하여 머릿속에 기억을 남긴다. 우리는 마인드맵으로 자신만의 독서노트를 만들어보자. 그러면 우리가 읽었던 책은 머릿속 서재에 차곡차곡 쌓여 나갈 것이다.

뇌를 알면 독서가 깊어진다

《메모습관의 힘》을 쓴 신정철 작가는 메모를 시작하면서 인생이 바뀌었다. '메모를 모르는 사람은 없다. 그렇지만 메모가 가진 또 다른 힘을 아는 사람은 그리 많지 않다'고 말하는 그의 이야기를 들어보자.

"나는 스스로 책을 잘 읽는 사람이라고 생각했다. 어려서부터 책을 좋아하는 편이었고, 책을 많이 읽는 편이라 자신했다. 그런데 언제부터인가 책읽기에 불만이 생겼다. 책을 열심히 읽더라도 나중에 제대로 활용하지 못했기 때문이다. 책을 다 읽고 며칠이 지나면 내용이 기억나지 않았다. 책 제목을 들으면 예전에 읽은 것 같았지만 내용이 떠오르지 않았다. 이런 일이 반복되니 책을 읽은 보람이 없어지고, 책을 읽는 시간이 아깝게 느껴졌다. 어떻게 하면 책의 내용을 더 잘 기억할 수 있을까 고민하던 나는 중요한 부분을 뽑아내어 복사를 하고, 복사본을 제본하여 보관해보기도 했다. 그런데 이렇게 책을 복사하는 것은 복사하는 시간만 더 들 뿐, 나중에 다시 보게 되지 않았다.

그런데 독서노트를 쓰면서 나의 책읽기는 달라지기 시작했다. 책을 읽으면서 밑줄 친 부분을 노트에 옮겨 적고, 거기에 자신의 생각을 쓰기 시작하면서 책과의 만남이 바뀌었다. 드디어 저자와 대화를 주고받기 시작한 것이다. 노트에 적은 내용을 바탕으로 블로그에 글을 써서 올리기도 했는데, 이렇게 글을 완성하고 나면 그 책과 저자에 대해 다른 사람에게 자신있게 이야기할 수 있었다. 노트 작성을 통해 한 번 만나 바로 잊히던 사람과 같았던 책이 편지를 주고 받으며 소통하는 사람으로 변했다"

《메모습관의 힘》 신정철

《메모습관의 힘》 저자 신정철 작가는 '책을 읽을 때 흥미롭거나 중요하다고 생각하는 부분에 밑줄을 치는데, 그 밑줄 친 문장을 노트에 그대로 옮겨 적었다. 그런 다음 그 부분에 대한 자신의 생각을 다른 색상의 펜으로 적는 것'도 잊지 않았다.

독서노트 메모과정에 대한 이야기 부분을 읽다가 필자는 무릎을 쳤다. 이것은 '메모'라는 새 이름을 가진 필사와 다름없는 것이다.

손글씨에 자신이 없어서 컴퓨터를 쓰기를 좋아했던 그가, 다시 손글씨를 쓰는 일이 좋아졌다고 말한다. 노트에 손으로 쓰는 시간이 즐겁고, 책을 베껴 쓸 때는 마음이 편안해진다고 한다. 이때 머릿속에 다른 잡념이 사라지고 마치 명상할 때처럼 마음이 깨끗해진다고 하니, 수 많은 작가가 언급했던 필사의 효과와 꼭 같은 것이다.

저자는 종종 필사 대신에 핵심 내용을 그림으로 표현하기도 했다. '책의 내용을 그림으로 표현하면 내용을 확실하게 이해할 수 있고, 나중에 다시 볼 때 내용을 빠르게 파악할 수 있다'는데, 이것은 바로 마인드맵의 효과이다. 아니나 다를까 그는 마인드맵 프로그램을 활용하여 책의 각 챕터별 핵심주장을 요약해두기도 했다. 간략한 키워드 중심으로 마인드맵을 만들어서 후일에 책의 내용을 떠올릴 수 있는지 스스로를 테스트 해보기도 한단다.

《메모습관의 힘》을 통해서 보니, 저자는 확실한 기억독서법을 실천하고 있었다. 남들이 만들어 낸 것을 소비하면서 '느낌표만 있던' 삶을 살던 그는 메모를 통해 스스로에게 질문을 던지는 삶을 살게 되었다.

읽은 책을 기억하기 위해서 만들기 시작한 독서노트와 강연필기 노트가 쌓여가면서 글쓰기 실력이 좋아지고, 블로그 방문자수는 30만 명을 찍었다. 이제 그는 혼자서 노트를 작성하는 사람이 아니라, 많은 사람들에게 영향력을 끼치는 작가가 되었다. 그는 '메모를 시작으로 글을 쓰게 되었고, 부수적인 성과로 자신의 마음을 바라볼 수 있게 되었다'면서 메모는 삶에 변화를 일으키는 힘이 숨어 있다고 주장한다.

   읽은 것을 그냥 흘려보내지 않고 손으로 쓰기 시작하면 생각이 발전한다. 그저 흘러 버릴 수 있었던 빗물이 손으로 쓰는 과정을 통해서 머릿속을 적시고, 생각의 씨앗을 자라게 만든다. 독서노트가 쌓여 갈 수록 생각의 씨앗은 더 많이, 더 높이 자라난다. 읽고, 쓰면서 자연스럽게 반복적으로 글을 읽게 되니 더 잘 기억에 남는 것은 물론이다. 인공지능이 발달하여 사람의 손과 뇌를 대체할 수 있는 로봇이 나온다 하더라도 사람을 스스로 성장시키는 '맨손파워'는 계속될 것이다. 우리가 읽고 쓴 것이 우리를 만든다. 피땀 흘려 채운 독서노트가 다시 우리의 피가 되고 살이 된다.

   "매화꽃이 만발한 곳.
   그 곳에 있으니 이찔힌 꽃향기와 꽃잎이 흔들리는 소리에 가슴이 터질 것만 같다.
   언제나 당당한 채옥이지만 종사관 앞에만 서면 떨리는 마음을 진정하기가 힘들다.
   바람에 흐드러지며 떨어지는 매화꽃잎과 그 때 퍼지는 꽃향기는 달콤하다.
   이 모든 것들을 비추는 달빛, 채옥이의 섬세한 감정들을 하나하나, 머리가 아닌 내 몸과 가슴이 느끼고 있다.

그래서 어느새, 나는 다모다.
머릿속에 맴돌던 대본 속 대사는 그 순간 다 날아가버렸다. 대신 나를 감싸고 있는 이 모든 것들이 나의 세포 하나하나를 건드려 깨운다"

《지금 이 순간》 하지원

배우 하지원은 주어진 역할을 위해서 모범생처럼 준비하는 여배우다. 배역을 맡으면 촬영을 하기 전부터 그 사람이 되어 헤어스타일도, 악세서리도 바꾼다. 드라마 《시크릿 가든》을 준비할 때는 극중 여주인공 길라임으로 살면서 수없이 몸이 바뀌는 꿈을 꿨다고 하니, 얼마나 배역에 몰입하는지 잘 알 수 있다. 외면뿐만 아니라 내면까지도 역할 속 인물이 되어가는 것이다.

배우들이 어떻게 대본을 외우고 대사를 기억하는지 늘 궁금했었다. 많은 양의 대본을 외워야 하니, 어떻게 보면 '치열하게 자신의 기억력과 싸워야하는 일을 하는 사람들이 배우'라고도 생각했다. 하지원씨는 에세이집을 통해 이렇게 말한다.
"감정을 미리 정하고, 그것을 기억해내는 건 내 연기가 아니다. 현장에 있는 모든 것들을 그대로 받아들여 느껴야 한다. 머릿속은 비운 채 가슴으로 진하게, 강하게! 어느 순간 심장의 두근거림이 느껴질 것이다"

읽고 또 읽은 대사들, 외우고 또 외운 대본은 필요한 물건이 잔뜩 들어있는 여행가방처럼 무겁게 머리 한 구석을 차지하다가 하나씩 비워내는 것이라고 생각했는데 그게 아닌가보다. 오히려 물을 머금은 솜처럼 대본을 온 몸에 품고 있다가 촬영하는 현장에서 느껴지는 분위기로 인해 자연스레 뿜어져 나오는 것과도 같은 것이 아닐까.

많은 청중들 앞에서 강연을 할 때 이와 비슷한 것을 느낀다. 이미 경험과 연륜이 지긋하신 분들은 언제 어디서나 이야깃거리가 많아 준비하지 않아도 강연을 잘 이끌어 나갈 수 있을 것이다. 강연계에서 햇병아리인 필자는 한 시간 이상의 강연을 하려면 며칠 전부터 강연 내용을 준비하고 동선, 눈빛, 제스쳐까지 그 모든 것을 미리 익혀야 한다. 첫 강연을 하던 날에는 심지어 미리 그 장소에 가서 30분씩 리허설을 해보기도 했었다.

강연 전에 너무 떨려서 청중들의 박수소리와 함께 수 없이 연습했던 강연 내용이 하얗게 사라지는 느낌을 경험하기도 하는데, 이럴 때는 배우들처럼 그 현장의 분위기에 자신을 내려놓을 수 밖에 없다. 웃으면서 청중들과 인사를 나누고, '왜 이 자리에 나왔는지' 설명하다 보면 자연스레 강연이 '되어지고' 있다. '이 이야기를 해야지'라고 생각하고 말을 뱉는 것이 아니라, 나도 모르게 입으로 그 이야기를 하고 있는 내 모습을 발견하는 것이다.

다시 배우 하지원의 이야기로 돌아가 보자. 그녀는 '향기'나는 것을 좋아해서 향초와 향수가 많다. 그래서 손님들을 집에 초대하여 바비큐 파티를 하는 날에 여러 종류의 향초를 피워두었다. 흡족해하며 향기를 들이 마시는 순간 갑자기 한 가지 향기가 그녀를 둘러싸며 주변의 소리와 멀어진다. 어느 새 그녀의 눈에 눈물이 맺힌다. 그 순간, 그녀는 사랑하는 남자를 먼저 저세상으로 보낸 여자인 지수가 되어버린 것이다. 배우 하지원을 과거 지수의 역할로 기억여행을 보낸 향기의 정체는 《내사랑 내곁에》라는 작품을 준비하는 동안 늘 켜놓았던 향초였다.

> "그렇게 작품마다 다른 향을 만나다보면, 어느 순간 그 향이 그 때의 시간들을 품고 있다는 것을 깨닫게 된다. 길을 가다가도 우연히 그때 그 향기를 만나면 나는 마치 시간여행을 하는 소녀처럼 다시 그 시간으로 미끄러져 들어가곤 한다"
>
> 《지금 이 순간》 하지원

배우 하지원은 '향기를 통해 영감을 받는다'고 한다. 새로운 작품을 준비할 때면 그 작품의 이미지와 어울리는 향을 찾아 촬영에 들어가기 전부터 촬영을 하는 내내 그 향초를 켜거나 향수를 뿌린다. 그녀는 '향기는 형태가 없지만 의외로 분별이 더 빠르고 선명해서 각각의 향에서 어떤 이미지를 그려내고, 그 분위기와 상황이 상상된다'고 말한다.

향기를 따라 시간여행을 다녀온 적이 있는 사람들은 아마 하지원 씨의 이야기에 공감할 것이다. 어느 봄날 저녁 물큰 끼쳐오는 아카시아 향기에 어린 날로 되돌아 가보기도 하고, 길가다 지나치며 맡은 옛 애인의 향수냄새에 갑작스레 슬퍼질 수도 있다. 향기뿐만 아니다. 구수한 된장찌개를 먹으면서 어머니를 떠올려 본 적이 있는가? 먼 땅에서 김치를 먹으며 고향을 떠올려 본 적은?

사실 후각과 미각은 다른 감각보다도 '기억'과 밀접한 관련이 있다. 시각과 청각, 촉각 등 다른 모든 감각이 기억을 유발시킬 수 있지만 후각과 미각은 강하게 회상을 일으킬 수 있다. 그 이유는 '부분적으로 후각섬유들은 해마와 편도체에 직접 시냅스를 맺기' 때문이다. 다시 말하면 다른 감각들보다도 '후각과 미각은 뇌의 장기 기억센터인 해마 조직과 직접 연관되기 때문에' 이 해마에 새겨진 후각과 미각의 흔적은 쉽게 지워지지 않는 것이다.

마들렌 과자를 먹으면서, 어린시절 어머니께서 주셨던 마들렌을 떠올리는 유명한 일화가 들어있는 마르셀 프루스트의 《잃어버린 시간을 찾아서》는 '뇌과학자들이 감각과 회상의 상호 연결에 관하여 설명할 때 즐겨 인용하는 구절'이다. 감각과 기억간의 관계는 어느 정도 밝혀진 사실이 있으니 이젠 그것을 활용하여 우리의 기억력을 재미있게 업그레이드 해보자.

　오감으로 뇌를 자극하자. 손으로 쓰는 필사를 넘어 후각과 미각까지 활용하는 오감독서를 시도하는 것이다. 읽고 싶은 책 한 권을 정하여 그 책을 읽는 동안에 함께 맡을 향초나 향수를 정해보자. 혹은 반대로 책을 다 읽고 난 후 어울리는 향기나 맛을 떠올려보는 것도 좋을 것이다. 그러면 시간이 지난 후에도 그 책의 내용을 좀 더 쉽게 머릿속에 떠올릴 수 있도록 맛이나, 향기가 도와줄 것이다. 다양하게 기억독서법을 실천하는 과정에서 당신의 독서는 또 한 번 깊어진다.

기억독서법

5

독서토론을 통해 기억을 나누어라

Reading

독서토론은 나눔이다

새벽 두 시, 세 시, 또는 네 시가 넘도록
잠 못 이루는 이 세상 모든 사람들이
그들의 집을 나와 공원으로 간다면,
만일 백 명, 천 명, 또는 수만 명의 사람들이
하나의 물결처럼 공원에 모여
각자에게 서로의 이야기를 들려 준다면,

예를 들어 잠자다가 죽을 까봐 잠들지 못하는 노인과
아이를 낳지 못하는 여자와
따로 연애하는 남편
성적이 떨어질 것을 두려워하는 자식과
생활비가 걱정되는 아버지
사업에 문제가 있는 남자와

사랑에 운이 없는 여자
육체적인 고통에 시달리는 사람과
죄책감에 괴로워하는 사람...
만일 그들 모두가 하나의 물결처럼
자신들의 집을 나온다면,
달빛이 그들의 발길을 비추고
그래서 그들이 공원에 모여
각자에게 서로의 이야기를 들려 준다면,

그렇게 되면
인류는 더 살기 힘들어질까.
세상은 더 아름다운 곳이 될까.
사람들은 더 멋진 삶을 살게 될까.
아니면 더 외로워질까.
난 당신에게 묻고 싶다.
만일 그들 모두가 공원으로 와서
각자에게 서로의 이야기를 들려 준다면
태양이 다른 날보다 더 찬란해 보일까.
또 나는 당신에게 묻고 싶다.
그러면 그들이 서로를 껴안을까.

로렌스 티르노라는 시인이 쓴 《잠 못 이루는 사람들》이라는 시다. 이 시를 처음 읽는 순간 필자가 참여하고 있는 독서모임이 생각났다. 함께 생각을 나누는 독서모임의 가치를 깨달으면서 늘 생각해오던 것이 이 시 하나에 담겨있었다.

독서모임에 참여하면서 '야자를 제끼고' 나오는 여고생부터 중소기업의 사장님까지 다양한 연령층, 그리고 다양한 직업을 가진 사람들을 만나게 되었다. 이야기를 나누면서 모든 사람들이 저마다의 고민과 걱정이 있음을 알게 되었다. 더불어 다양한 사연을 가진 사람들이 독서모임에 나오면서 자신의 아픔을 치유하고, 행복해지는 모습도 보았다. 독서모임에 무슨 일이 벌어진 것일까?

우리는 사회 속에서 부여된 역할을 떠나 독서모임에서 만나면 모두 한 권의 책을 읽고 모인 '언니, 오빠, 친구'다. 집이나 직장에서 하지 못하는 이야기를 자연스레 하게 되고, 또 이해하지 못했던 가족이나 주변 사람들을 이해할 수 있는 시간을 갖는다. 그들은 입을 모아 이렇게 말한다.

"요즘 어디 가서 이런 이야기 나눌 데가 없는데. 독서모임이 참 좋네요."

청소년 자녀를 둔 언니들은 고등학생의 이야기에 공감하고, 대학생들은 부모님 연배의 언니, 오빠들의 고민에 공감하면서 생각의 폭을 확장시킨다.

독서모임은 '책'이라는 도구를 통해 사람들이 만나는 광장이다. 위의 시처럼 평소에는 전혀 만날 일이 없었던 사람들, 자신의 세계에 갇혀서 고민하던 사람들이 만나 자신의 이야기를 나누는 곳이다. 그리고 '나'를 이해하고, '너'를 이해하면서 아픈 삶을 치유하고 행복해지는 곳이다. 비싼 진료비를 내지 않아도 책 한 권만 읽으면 여러 사람들의 진료를 받을 수 있는 곳이다. 참여자가 할 일은 단 하나, 바로 자신의 생각을 나누는 것이다.

왜 나눔일까?

동화책을 읽으면서부터 책을 읽고, 책을 쓰는 지금에 이르기까지 필자가 확신하는 것은 '독서는 좋다'는 것이다. 그런데 함께 생각을 나누는 독서는 더 좋다. 책을 읽는 사람들은 많다. 그렇지만 아직도 책을 읽고 자유롭게 생각을 나누는 것을 어렵게 생각하는 사람들은 더 많다. 왜 그럴까? 책을 읽고 사람들과 생각을 나누면서 먼저 우리에게 '나눔에 대한 재정의가 필요함'을 깨달았다.

'나눈다'는 말에는 자연스레 '나에게 있는 것을 타인에게 나누어 준다'라는 의미가 느껴진다. '나에게 사과가 세 개 있을 때, 그 중 두 개를 타인에게 나누어 주면 나에게 하나가 남는 것'이 보통 우리가 생각하는 나눔일 것이다. 그런데 진정한 나눔은 거기서 끝나는 것이 아니다. 나에게 있던 사과를 타인에게 나누어 주면, 다른 이가 나에게 배를 주고, 또 다른 이는 나에게 바나나를 주어 결국에 모든 사람이 더 풍요로워지는 것이다. 나눔은 '내가 가진 것을 타인에게 덜어주어 내가 가진 것이 줄어드는 것'이 아니다. 나누면 나눌수록 더욱 많아지고, 풍부해지는 것이다.

예전의 나는 독서모임의 가치를 제대로 알지 못했다. 마음속으로 '혼자 책을 읽으면 더 많은 책을 읽을 수 있는 시간에 굳이 여러 사람의 생각을 하나하나 들어야 하는가'라고 생각했다. 그렇지만 혼자 읽는 책은 결국 고인 물과 같다. 내 안에 아무리 많은 물이 들어오더라도 밖으로 나갈 수 없다면 그 물은 썩어갈 것이다. 물이 돌고 돌면서 깨끗이 정화되듯이 우리의 생각도 돌고 돌면서 정화되어야 한다. 아무리 많은 책을 읽더라도 다른 사람과 대화조차 나누지 못한다면 그렇게 책을 읽는 시간들이 더 인생의 낭비라는 것을 이제는 안다.

함께 읽은 것들을 나누면 내 생각이 다른 사람의 생각과 부딪히기도 하고, 섞이기도 한다. 혹은 함께 만나서 엄청난 폭발력을 낼 때도 있다. 그런 순간은 혼자 책을 읽으면서는 좀처럼 만나기 힘든 '기적'이며, 억만금보다 소중한 시간이다. 책을 읽으면 읽을수록 나만의 성곽을 높게 쌓아 자신의 시야를 가리는 독서를 하면 안 된다. 책을 읽을수록 더 많은 창문이 생겨나 더 많은 것을 보고, 더 많은 세상과 소통할 수 있는 독서를 해야 한다.

사실 모든 독서활동이 '나눔 독서'이다. 나눔 독서는 세 가지로 분류할 수 있다.

첫째는 책을 읽으면서 '저자와 생각을 나누는 것'이다. '이 책에서 저자가 하려는 말이 무엇'인지 이해하려고 노력하다 보면 자연스레 저자와 생각을 나누고 있는 것이다.

두 번째는 책을 읽는 동안 자신과 생각을 나누는 것이다. 저자의 생각을 읽으며 '나는 어떤 생각을 하는지', '저자의 견해에 찬성하는지 혹은 반대하는지' 판단하기도 하는데, 이런 순간은 자기 자신과 생각을 나누고 있는 것이다. 두 번째 나눔 독서 방법은 많은 사람들이 실천하고 있으리라 생각한다. 더 중요한 과정이 바로 세 번째 나눔 독서이다.

세 번째 나눔 독서는 책을 읽고, 또 다른 사람들과 생각을 나누는 것이다. 책을 읽은 후에 다른 사람들과 생각을 나눠보면, '같은 책을 읽었는데도 사람마다 다양한 생각을 하고 있다'는 것을 알 수 있다. 책을 읽고 나 혼자 내렸던 옳고 그름에 대한 정의가 산산이 부서질 때도 있다. 그럼으로써 책 한 권을 통해 더 많은 생각을 하게 된다. 내가 읽었으나 미처 깨닫지 못한 것을 타인을 통해 배움으로써 책 한 권 이상의 가치를 누릴 수 있다. 그것은 단순히 책 한 권을 나누는 것을 넘어 예상치 않은 성장을 얻는 '기적'과도 같은 것이다.

사람은 서로 만나야 하고, 생각과 감정을 나누어야 한다. 서로에게서 자신에게 없는 것을 배울 수 있기 때문에 연령대가 다양할수록 더 좋다. 영화《인턴》은 은퇴한 노인이 젊은이가 창업한 의류회사에 재취업하면서 생기는 일들을 보여준다. 혈기 왕성하고 톡톡 튀는 아이디어가 넘치는 젊은이들의 회사에서 인내심과 인간관계의 경험이 풍부한 인턴 할아버지가 균형을 잡아준다. '같은 또래가 아닌 사람들이 서로 가진 장점은 나누고, 단점은 보완하면서 시너지를 낼 수 있다'는 교훈에 감동을 받았다. 다양한 연령층이 모인 독서모임에서도 이런 감동을 느낄 수 있다.

《호모쿵푸스》의 저자는 책에서 '조선시대에 우리나라 선비들은 나이를 막론하고 함께 글을 읽고, 생각을 나눴다'며, '한의학적 관점에서 보더라도 노인은 음의 기운이, 젊은이는 양의 기운이 강하기 때문에 서로 어울려야 양쪽이 다 건강해질 수 있다'고 주장한다. 과거에 우리 서당에는 어린아이부터 백발이 된 노인까지 함께 글을 읽으며 공부를 하는 경우가 있었다. 사람이라면 누구든 어린아이 시절부터 백발이 되는 노인시절을 겪게 될 것이다. 따라서 우리는 서로를 이해할 수 있는 아량을 배울 필요가 있는데, 이런 기회를 자연스레 제공하는 것이 바로 다양한 연령층이 만나는 독서토론모임이다.

> "정약용은 만백성에게 혜택을 주어야겠다는 생각으로 하는 독서가 참다운 독서라고 가르쳤다.·· 마음에 항상 만백성에게 혜택을 주어야겠다는 생각과 만물을 자라게 해야겠다는 뜻을 가지고

있어야만, 참다운 독서를 한 사람이라는 것이다"

《독서불패》 김정진

    정약용이 가졌던 정신세계의 경지에 오르려면 갈 길이 참 멀다. 그렇지만 책을 읽고, 주위의 사람들과 생각을 나누는 것이 정약용의 마음을 배우는 길이라고 생각한다. 나에게 누군가와 생각을 나눌 여유도 주지 않는 사람이 어찌 만백성에게 이로운 혜택을 줄 수 있겠는가. 나눔은 자신에게서 흘러넘치는 사랑이 여러 사람을 거치며, 돌고 돌아서 다시 자신에게로 돌아오는 것이다. 독서 나눔은 자신이 읽은 책을 나누고, 다른 사람이 읽은 책을 받아들임으로써 자신도 모르는 사이에 많은 사람을 이롭게 할 수 있는 행위다. 읽은 것을 나누고, 생각을 나누자. 그리고 다함께 더욱 풍요로워지자.

함께하는 힘을 키우는 독서토론

"얘, 모모야. 때론 우리 앞에 아주 긴 도로가 있어. 너무 길어 도저히 해낼 수 없을 것 같아. 이런 생각이 들지" 그러고는 한참 동안 묵묵히 앞만 바라보다가 다시 말했다.

"그러면 서두르게 되지. 그리고 점점 더 빨리 서두르는 거야. 허리를 펴고 앞을 보면 조금도 줄어들지 않은 것 같지. 그러면 더욱 긴장되고 불안할 거야. 나중에는 숨이 탁탁 막혀서 더 이상 비질을 할 수가 없어. 앞에는 여전히 길이 아득하고 말이야. 하지만 그렇게 해서는 안 되는 거야" 그러고는 한참동안 생각하다가 다시 말을 이었다.

"한꺼번에 도로 전체를 생각해서는 안 돼. 알겠니? 다음에 딛게 될 걸음, 다음에 쉬게 될 호흡, 다음에 하게 될 비질만 생각하는 거야. 계속해서 바로 다음 일만 생각해야 하는 거야" 그리고 다시 말을 멈추고 한참동안 생각을 한 다음 이렇게 덧붙였다.

"그러면 일을 하는 게 즐겁지. 그게 중요한 거야. 그러면 일을 잘 해낼 수 있어. 그래야 하는 거야. 한 걸음 한 걸음 나가다 보면 어느새 그 긴 길을 다 쓸었다는 것을 깨닫게 되지. 어떻게 그렇게 했는지도 모르겠고, 숨이 차지도 않아. 그게 중요한 거야"

《모모》 미하일 엔데

위의 이야기는 매일 긴 길에서 비질을 하는 청소부 베포 할아버지가 모모에게 들려준 것이다. 베포 할아버지의 '청소의 철학'을 읽으면서 한참 인문고전을 읽으려고 욕심냈던 필자의 모습이 떠올랐다. 인문학 열풍이 불고, 많은 책에서 '인문고전을 읽어야 한다'라고 추천하니 '좋은 건가보다'하고 무작정 달려들었다. 인문학의 무엇이 좋은지, 왜 가치 있는 책인지 제대로 알지도 못하면서 인문학이 아닌 책은 무시하기도 했다. 그런 마음으로 달려든 인문고전의 바다는 너무나 넓고도 깊었다. '더 많이', '더 빨리' 욕심내던 나는 깊은 인문학의 바다에서 점점 지쳐갔다.

처음부터 많은 것을 해내려고 욕심을 내면, 결국 자신의 욕심에 숨이 막힐 정도로 벅찬 일 앞에서 무릎을 꿇게 된다. 그렇지만 베포 할아버지의 말처럼 한 번에 한 걸음씩 매 순간에 집중하면 즐거움을 느낄 수 있고, 어느 새 자신이 아주 멀리까지 왔음을 알게 된다. 더 많은 지식을 더 빨리 쌓으려 혼자서 고군분투하며 책을 읽는 것은 어쩌면 나를 지치게 만들 수도 있다. 그럴 때는 누군가와 함께 책을 읽을 것을 추천한다. 여럿이 함께 생각을 나누면서 즐기다 보면 어느새 부쩍 성장한 당신을 발견하게 될 것이다.

독서토론은 함께하는 힘이다!

1인 가구 수가 점점 늘어남에 따라 미니멀라이프가 유행하더니, 이제는 '혼밥', '혼술'이라는 말이 생겨날 정도로 혼자서 문화생활을 즐기는 사람들이 많아졌다. 몇 년 전만 하더라도 '혼자 식당에 들어가 고기를 구워먹는 것이 어색하다'는 이야기를 친구들과 나눴는데, 요즘은 아무렇지 않게 '혼자' 즐길 수 있는 것들이 많아졌다. 혼자 밥먹고 영화를 보는 것은 누군가를 배려하지 않고, '내 맘대로' 할 수 있어서 아주 편리하다. 대학시절 여러 룸메이트와 함께 살면서 '혼자 살면 느낄 수 없는' 스트레스를 경험한 적도 많다. 3명의 룸메이트가 자고 있음에도 늦은 시간에 연인과 통화를 한다거나, 청소는커녕 먹고 남은 음식쓰레기조차 버리지 않는 사람을 만나면 매일 매일이 편하지 않다.

그렇지만 '누군가와 함께한다'는 것은 언제나 더 많은 배움을 가져다준다. 다양한 스타일을 가진 룸메이트를 경험하면서 다양한 사람들을 알게 되었고, 힘든 날엔 위로를 받으며 견딜 수도 있었다. 아르바이트를 하면서 혼자 자취생활을 할 때는 유난히 배가 고팠다. 배가 고픈 것이라 여겨 많이 먹어도 채워지지 않는 허전함이 있었다. 시간이 많이 지난 후에야 '그 때 내가 많이 외로웠던 것'을 알게 되었다. 혼자 밥을 먹는 것은 함께 식사하는 것에 비해 영양도 풍부하지 않았다. 혼자서 먹을 수 있는 양이 정해져 있는데, 식단이 다양할수록 비용이 많이 들거나 식사 준비하는 시간이 길어진다. 그러니 간단하게 먹게 되고, 영양가 있는 식단으로 챙겨 먹는 것이 힘들게 되는 것이다.

독서를 하는 것도 이와 비슷하다. 독서모임에 참여하는 시간을 줄이고 혼자 책만 읽으면 더 많은 책을 읽을 수 있을지 모르지만, 여러 사람이 함께 독서모임을 하면 더 많은 배움이 있다. 취업준비를 하면서 마음만 바쁘던 시기에 '시간이 아깝다'는 핑계로 독서모임에 나오지 않고 혼자서 책을 읽었다. 분명히 시간은 더 많이 생겼고, 읽고 싶은 책을 실컷 읽을 수 있는데도 이상하게 책이 더 읽히지 않았다. '함께할 사람'이 없으니 굳이 책을 빨리 읽을 필요도 없었고, 자연스레 게으름을 피우게 되었다. 시험 전날 최상의 집중력이 생기듯 나에게 독서모임 참여가 곧 '마감시간'이었던 것이다. 독서모임에 참여하시다가 개인적인 사정으로 나오지 못하시는 분들과 가끔 연락을 하면, "모임에 안 나가니 책이 잘 안 읽히네요."라고 말씀하시곤 한다. 분명 '함께' 함으로써 얻는 저력이 있는 것이다.

'혼자서 책을 더 많이 읽는 것이 이득이다'라는 필자의 착각은 다시 독서모임에 나온 후 얼마 지나지 않아 깨졌다. 책을 읽을 때는 '재미도 없고, 감동도 없다'며 '그저 그렇다'고 판단한 책이었는데, 그 책으로 독서모임을 해보니 나와 전혀 다른 생각을 가진 사람들이 많았다. 필자는 전혀 의미를 발견하지 못한 부분에서 감동을 받은 사람도 있었고, 저자의 생각에 공감하며 새롭게 무언가 실천하는 사람도 있었다. 그때 '지금까지 많은 책을 허투루 읽은 것은 아닐까' 두려움이 생길 정도로 엄청난 충격을 받았다. 그동안 '내가 옳다'며, 내 생각에 갇혀 살면서 나만의 방식으로 모든 책을 평가하고 있던 내 모습이 보였다. 책을 읽으며 세상을 보는 창문을 만드는 것이 아니라, 세상과 나를 단절시키는 성벽을 쌓고 있었던 것이다. 너무 오랜 시간동안 혼자 공부하고, 책을 읽었기 때문인지도 모르겠지만 그만큼 '지식의 독'이 차올라 있었던 것이다.

"책을 읽고 변하고 성장하지 않으려면 왜 책을 읽는 것인가?"

이건 책을 읽고도 전혀 내 모습을 바라보지 못하면서 지냈던 나에게 꿀밤을 먹이는 글귀였다. 그동안의 나의 독서가 '많은 책을 읽었다'는 자기만족이나 자랑거리로밖에 보이지 않았고, 오만하게 저자와 다른 사람들을 평가해왔음을 시인할 수 밖에 없었다. 동시에 이렇게 편견의 벽에 가로막힌 나와 소통해준 사람들에게 고마웠다. 요즘은 한 권의 책을 읽고 함께 나눌 사람이 주변에 있다는 것이 참으로 감사하다. 또한 책이 재미도 없고 감동도 없더라도, 어떻게 사람들과 생각을 나눌 수 있을지 생각해 본다.

최근 《카모메 식당》, 《세상 끝에서 커피 한 잔》이라는 영화를 보았다. 우연하게 이 두 영화에서 '세상에서 가장 맛있는 커피'가 무엇일까 이야기하는 장면이 나왔다. 세상에서 가장 맛있는 커피는 바로 '누군가와 함께 마시는 커피'다. 아무리 맛좋은 음식이라도, 향이 좋고 비싼 커피라도 나 혼자 먹으면 세상에서 가장 맛있지는 않은 것이다. 좋은 것을 보았을 때나, 맛있는 것을 먹을 때나 그것을 나눌 사람이 없을 때 허전했던 적이 있을 것이다. '함께 나눌 사람'이 없다는 것은 그만큼 안타까움을 남긴다.

'같이'의 가치

몇 년 전 여러 사람이 함께 인도여행을 다녀왔다. 인도는 혼자 가기엔 겁이 나지만 여럿이 가면 덜 위험할 것이라는 생각에 열심히 여행준비를 했다. 그러는 와중에 점점 나의 이기심이 고개를 들기 시작했다. 모두 각자의 일을 하느라 바쁜 중에 준비하는 여행이라서 상대적으로 덜 바쁜 내가 자료를 찾고 예약을 하려니 슬슬 짜증이 났다. 차라리 혼자 가는 여행이었다면 이렇게 짜증이 나지는 않을 텐데, 여럿이 가는 여행을 혼자 준비하는 것이 억울하다는 생각도 들었다. '역시 여러 명이 같이 하는 여행은 피곤할 수밖에 없다'는 결론과 함께 인도 여행은 시작되었다.

그런데 비행기를 타기도 전에 비자 문제로 출국장에 들어설 수 없었다. 간단한 실수라 얼른 비자를 새로 프린트하여 비행기를 탈 수 있었는데, 이번에는 상하이로 가야할 비행기가 청도로 날아가는 것이 아닌가. 알고 보니 상하이 공항에 안개가 심해 비행기가 착륙할 수 없어 근처 청도로 날아온 것이었다. 어쩔 수 없이 짧은 인도 여행 일정 중에 하루를 청도와 상하이 공항에서 보내야 했다. 공항에서 시간을 보내던 중에 어떤 사람이 다른 사람의 짐을 맡아 주었다가 비행기를 타러 가지도 못하고, 짐을 버리고 가지도 못하는 모습을 보았다. 이도 저도 못하고 쩔쩔 매는 그 사람을 보면서 마음속으로 '남의 짐이 정말 짐이 되었네'라고 생각했다.

이때까지도 '내가 누군가에게 짐이 될 수도 있다'는 생각을 전혀 하지 않고 있었다. 그런데 점점 몸에서 열이 나면서, 아무리 물을 마셔도 목이 타는 갈증이 생겼다. 아무래도 감기 때문인 것 같았는데, 갑자기 감기에 걸릴 이유가 없었다. 곰곰이 따져보니 여행 출발 전 먹었던 말라리아 예방약이 수상했다. '독한 약이라 여러 날 동안 조금씩 나눠 먹어야 하고, 부작용이 있을 수도 있다'는 의사 선생님의 말씀이 기억났다. 비행기를 기다리는 내내 나의 가슴은 불안함으로 타들어 갔다. 전혀 나와 상관이 없을 것처럼 보였던 말라리아에 걸렸다고 생각하니 인내심은 바닥을 드러냈다. 비, 바람, 번개와 천둥이 치는 통에 이륙한 비행기가 흔들리면서 나의 두려움은 최고치에 달했고, 나는 '이렇게 죽을 수도 있겠다'며 마음속으로 울었다.

눈을 감고 누워있는데 여행 준비를 시작하던 날부터 비행기를 타기 전까지 나의 이기적인 행동들이 떠올랐다. '여행계획도, 날씨도 심지어 내 몸 하나 내 마음대로 되는 것이 없다'는 데에 생각이 닿자, 지금까지 얼마나 많은 사람들의 노력과 희생으로 내가 여기 와 있는지 알게 되었다. 모두 나의 힘으로 내가 이뤄온 것인 줄 알았던 많은 것들이 사실 다른 사람들의 도움없이는 이루어질 수 없었던 것임을 깨달았다. 다행히 비행기는 안전하게 인도에 도착했고, 몸상태도 점점 나아졌다. 인도 여행을 하는 내내 기침과 코피를 달고 지냈지만, 함께 여행을 갔던 사람들이 배려해준 덕분에 안전하게 여행에서 돌아올 수 있었다.

일주일간의 짧은 인도 여행을 통해서 확실하게 '같이의 가치'가 무엇인지 알게 되었다. '같이'의 가치는 분명히 존재한다. 누구나 그 가치를 누리면서 살아가지만 가끔 잊어버린다. 죽을 때까지 그 가치를 깨닫지 못한다면 그것만큼 안타까운 삶도 없을 것이다. 그 사람의 삶이 얼마나 피폐하고 메말랐을지 개인적인 경험을 통해 느껴지기 때문이다. 아마 죽음을 앞둔 록펠러가 자신의 재산을 모두 기부해 기적처럼 암이 사라져 버린 순간 깨달음도 '같이의 가치'가 아니었을까. 세상은 혼자 살 수가 없다. 아무리 돈이 많고, 재능이 많아도 인정해주는 사람이 한 명도 없으면 쓸쓸함을 넘어서 그 모든 것이 쓸 데가 없음을 느낄 것이다.

'같이'에는 힘이 있다. 물론 무엇이든 '같이하자'고 말하며 타인에게 의존하는 사람들의 이야기와는 다르다. 진짜 '같이의 가치'는 힘을 모으는 '협력'의 의미이다. 너의 힘과 나의 힘을 모으면 '더 큰 힘'을 낼 수 있는 것, 그것이 바로 '같이의 가치'다. 일본의 한 유치원에서는 아이들이 풀코스 마라톤을 완주한다. 물론 평소에 꾸준히 연습을 시킨 덕분에 아이들의 체력이 좋을 수도 있지만, 더 중요한 것은 '마라톤 당일에 포기하는 아이가 없이 모두 함께 달리기 때문'이라고 한다.

독서모임의 '같이의 가치'는 '자신에게 어렵다고 느껴지는 책'을 읽을 때 빛을 발한다. 내 머리로, 내 경험으로 이해할 수 없는 것들을 다른 사람의 경험을 통해 배울 수 있기 때문이다. '빨리 가려면 혼자 가고, 멀리 가려면 함께 가라'는 말처럼, 전혀 마음에 와 닿지 않고, 어려운 것처럼 보이는 책도 여러 사람과 함께 읽으면 쉽게 이해가 된다. 서로 다른 입장에서 책을 풀이할 때, 각자의 고민과 상황을 인식하게 되고, 평소에 이해하기 어려웠던 주변 사람을 떠올리며 아량을 넓혀가기도 한다.

또한 또래들끼리만 하는 독서모임에 비해서 다양한 연령층이 참여하는 모임은 더 재밌다. 중구난방이 될 것 같고, 세대 간의 이해도 어려울 것처럼 보이지만 사실은 연령층이 다양할수록 더 풍성한 모임이 된다. 가정이나 직장에서 세대 간의 이해가 어려울 때가 있는데, 모든 이해관계를 내려놓고 오직 책 한 권으로 서로 생각을 나누는 것은 훨씬 쉽기 때문이다. 신기한 것은 독서모임에서 나눈 생각이 다시 가정과 직장으로 이어져 긍정적인 순환을 일으키는 경우가 참 많다. '한 사람이 오면 그 사람만 오는 것이 아니라 그 사람의 모든 경험과 미래가 함께 오는 것'이라는 드라마의 대사처럼 배움은 책을 넘어 함께 하는 사람들과 그들의 경험을 통해서 발견할 수도 있다.

독서토론은 서로를 성장시키는 힘

아무리 좋은 독서 토론도 서로의 생각이 부딪히면서 힘들어질 때가 있다. 각자의 입장이 평행선을 달리면서 도무지 접점을 찾아낼 수 없게 되고, 심지어 분위기가 험악해지며 감정을 다치기도 한다. 그러면 '토론자체가 잘못된 것일까, 토론의 방식이 잘못된 것일까' 고민을 할 수밖에 없다. 《최고의 공부법-유대인 하브루타의 비밀》의 저자는 '토론과 언쟁'을 나누어 설명하면서 가려운 곳을 긁어준다.

"언쟁과 논쟁은 전혀 다르다. 언쟁은 감정을 가지고 말싸움 하는 것이고, 논쟁은 논리로 다투는 것이다. 어떤 주장을 하려면 반드시 근거가 있어야 하는데 그 근거가 타당할수록 지지를 얻는다. 논쟁은 근거로 다투어 근거가 보다 탄탄하고 논리가 분명한 쪽에 승복을 하는 것이다"

따라서 '논리로 다툰 논쟁을 한 경우에는 이후에 타협이나 협상이 가능하지만 언쟁을 한 이후에는 소득도 없이 서로의 감정만 상하게 된다'는 것이다. 만약 서로가 자신의 생각을 나누면서 배우거나 얻어가는 것이 없고, 감정만 상해가고 있다면 그것은 논쟁이 아니라 언쟁이다.

현실에는 '토론'이라는 이름으로 시작해서 서로의 생각을 토로하다가 얼굴을 붉히고 '언쟁'으로 마무리되는 경우가 많다. 대한민국에서 가장 쉽게 타인과 언쟁할 수 있는 토론 주제는 바로 정치 이야기다. 명절에 가족들이 오랜만에 모이더라도 행여나 정치 이야기가 나오면 서로 언성이 높아진다. 그만큼 정치 이야기에 민감할 수밖에 없는 역사를 가진 나라이기도 한데, 그래서인지 '정치 이야기'라고 하면 듣지도 않고 고개를 돌려버리는 사람들도 있다.

그렇지만 정말로 건강한 사회를 만들기 위해서는 나와 생각이 다른 사람들과 논쟁을 할 수 있는 분위기를 만들어야 한다. 모든 사람이 똑같은 생각을 하고 살 수 없기에 오히려 부딪혀가면서도 토론해야 한다. 이러한 경험을 통해서 우리는 서로가 다름을 인정하고, 또 한 번 성장할 수 있다.

숲이 건강해지려면 다양한 종의 나무가 심겨있어야 한단다. 한 종류의 나무만 심겨있는 산은 병풍해가 발생했을 때, 모든 나무가 바이러스를 이기지 못하고 죽어버릴 위험이 크기 때문이다. 설사 어떤 바이러스로 참나무종이 모두 죽어버린다고 해도 그 숲에 다른 여러 종의 나무들이 심겨있다면, 그 숲은 고비를 이겨내고 다시 회생할 수 있을 것이다.

토론은 바로 이 '건강한 사회'를 만들기 위한 초석이다. 나의 생각이 존중받듯이 타인의 생각을 존중할 수 있는 연습을 가능하게 하는 것이다. 그리고 서로의 마음을 다치게 하는 언쟁을 하는 것이 아니라, '논리'로써 다투며 서로의 생각을 성장시키는 것이다. 타인의 생각을 끌어 안을 수 있다면 그만큼 나의 포용력과 이해력은 자라난다. 반대로 타인의 생각을 받아들이지 못하고 나만의 생각을 고수한다면 나만의 성에 갇히게 될 위험이 있다. 고인 물은 썩어버릴 것이고, 썩은 물 근처에는 사람들이 모이지 않는다.

토론은 바로 나를 성장시키는 힘이다. 스스로를 그 자리에 머무르게 하는 것이 아니라, 더 나아가게 만드는 원동력이다. 단순히 누군가와 다투는 느낌이 싫어서 피하다 보면 그 누구도 설득할 수 없다. 자신이 '언쟁'을 싫어하는 것인지, '논쟁'을 싫어하는 것인지 잘 생각해보아야 한다. 논쟁을 하는 연습을 하다보면 서로의 생각을 나누는 것이 얼마나 '지적인' 희열을 주는지 알 수 있다.

독서모임을 할 때 '토론을 하면 싸우게 될까봐' 토론을 기피했었다. 좋은 분위기를 유지하며 서로의 생각을 나누는 정도가 안전하다고 판단했다. 그런데 토론을 직접 해보고 나서야 나의 판단이 '모임 사람들이 논리적이지 않을 것'이라는 착각이었다는 것을 알게 되었다. '사형제도'로 나눈 토론은 그 어느 때의 모임보다 열기를 띄었다. 필자는 한 번도 생각해보지 못한 문제를 누군가 꼬집어 얘기하기도 했고, 또 그 생각을 뒤엎는 누군가의 생각이 엎치락뒤치락 등장했다. 그 날 토론의 반전은 사형제도에 찬성하여 주장을 펼치셨던 분이 '제비뽑기에서 찬성을 뽑았을 뿐, 사실은 사형제도를 반대하는 입장'이라는 말을 했을 때 극에 달했다. 토론에 참여했던 사람들 모두 뜨악했지만, 최선을 다한 논리싸움에 서로에게 진정한 박수를 보내면서 마무리할 수 있었다.

여희숙 작가의 《토론하는 교실》에 토론과 관련된 힐러리 클린턴의 일화가 나온다. 힐러리 클린턴은 학창시절부터 공화당을 지지했는데, 그 사실이 학교 전체에 알려져 있을 만큼 골수 공화당이었다. 그런데 대통령 연설 토론 수업을 준비하던 선생님이 힐러리에게 민주당 후보 역할을 시키고, 민주당을 지지하던 한 학생에게는 공화당 후보 역할을 시켰다. 이때를 회상하면서 힐러리 클린턴은 '처음에 선생님의 처사에 모욕감을 느낄 정도로 싫었지만, 민주당 후보의 입장에서 토론 준비를 해보니 점점 그 역할에 충실하며 민주당을 지지하게 되었다'고 말했다. 후에 그녀는 민주당 후보가 되었고, 당시 어쩔 수 없이 공화당 후보 연설 토론 준비를 맡았던 학생은 공화당 지지자로 변신했다.

힐러리 클린턴에게 상대역을 맡게 했던 선생님은 민주당을 지지

하는 것에 반발하는 힐러리 클린턴에게 '역할을 바꾸면 상대방의 관점에서 문제를 볼 수밖에 없고 그러면 많은 것을 새롭게 깨닫게 될 것'이라고 충고했다. 토론으로 나의 생각을 강화시키고 더 단단해지는 것도 좋지만, 상대방의 입장을 이해하는 여유를 가질 수 있다면 얼마나 멋질까. 자신의 미흡한 점을 인정하고 상대방의 논리를 받아들이는 것은 또 얼마나 멋진가. 토론에는 힘이 있다. '지금의 나'에서 머무르는 것이 아니라, 나를 '더 큰 나'로 성장할 수 있는 그런 힘이 바로 토론에 있다.

공지영의 소설 《우리들의 행복한 시간》에서 '아는 것과 깨닫는 것의' 차이를 이렇게 설명한다.
"아는 건 아무것도 아닌 거야. 아는 건 그런 의미에서 모르는 것보다 더 나빠. 중요한 건 깨닫는 거야. 아는 것과 깨닫는 것에 차이가 있다면 깨닫기 위해서는 아픔이 필요하다는 거야"

'아는 것과 깨닫는 것'은 다르다. 자신이 아프더라도 그동안 갇혀 있던 생각의 벽을 깨고 그 안에서 빠져나올 때, 아는 것을 넘어서 진정으로 깨달을 수 있다. 토론으로 남의 생각과 부딪힐 때 깨지는 내 생각들을 보며 많이 아플 수도 있다. 그 아픔을 피한다면 우리는 제자리 걸음을 반복하게 될 것이다. 그렇지만 아프더라도 기꺼이 내 생각을 깨어 볼 수 있다면 그만큼 우리는 성장할 수 있고, 앞으로 나아갈 수 있다.

미국에 있는 세인트 존스 대학교는 다른 대학들과 다르게 강의와 교수가 없는 곳이다. 대신에 토론과 튜터가 존재한다. 토론식 수업은 아리스토텔레스의 《물리학》, 플라톤의 《국가》 등 고전을 읽고 모여 생각을 나누는 것이다. '학생들이 너무 똑똑해서 고전을 읽고 토론하는 것이 아니라, 똑똑하지 않기 때문에 토론한다'니 이게 무슨 말일까?

《세인트 존스의 고전 100권 공부법》 저자는 이렇게 말한다.

"내가 혼자 공부하고 생각해서 가져올 수 있는 배움의 크기가 고작 10이라면, 나와 의견이 다른 사람들과 함께 할 때 배움의 크기는 몇 배로 커질 수도 있다. 게다가 나의 의견과 상대방의 의견이 소통을 통해서 시너지를 낸다면 그때는 혼자서 절대 얻을 수 없는 배움을 얻게 된다"

따라서 학생들은 '자신보다 좀 더 많은 시간 동안 고전을 읽고 고민해온 선배'인 튜터의 도움을 받을 뿐, 토론을 통해 서로 가르치고 배워나간다. 학생들의 역할은 자신의 의견을 열심히 공유하는 것이다. 수업이 이해가 안될 때 튜터들이 조언하는 것은 딱 한 가지, 바로 질문하라는 것이다. 저자가 세인트 존스 대학 4년 동안 배운 것은 '초라하고 한심한 자신의 모습을 바라보는 것'이었고, '자신의 한계 앞에서 어떻게 배워나갈지 생각하는 방법'이었다. 물고기들로 자신의 어선을 채우지는 못했지만, 물고기를 낚을 수 있는 여러 가지 도구를 갖게 된 것이다. 이건 평생 자신을 지키는 무기를 손에 쥔 것이나 다름없다.

필자는 대한민국에서 초등학교부터 대학교까지 전형적인 대한민국 스타일의 교육을 받고 자랐다. 선생님이 불러주는 것을 받아쓰는 것에 너무 익숙했고, 질문하지 않는 것이 친구들의 쉬는 시간을 지켜주는 의리였다. '대학가면 하고 싶은 대로 할 수 있다'는 말을 순진하게도 믿었고, 꿈은 대학에 가면 자연스레 생기고 이루어지는 것인 줄만 알았다. 대학 졸업을 앞두고 취업이라는 문 앞에 섰을 때야 자신을 제대로 보게 되었다. '내가 무엇을 좋아하는지, 무엇을 잘할 수 있는지'조차 모르는 스스로가 너무 초라하고 한심했다.

방황하는 필자를 잡아준 것은 바로 책이었다. 다양한 책들을 읽으며 '과연 나는 어디 있는지, 내가 무엇을 원하는 것인지' 매일 고민했다. 책이 답답해서 뛰어나갔다가도 얼마 못가 다시 책으로 되돌아왔다. '함께 독서하면 더 많은 것을 배울 수 있다는 것'을 깨달았을 때, 새로운 알을 깨고 나온 기분이 들었다. 머리를 쥐어짜내며 혼자 책을 읽는 것보다 누군가와 생각을 나누는 것은 너무 쉽고, 재밌었고 심지어 유익했다. 만약 어릴 때부터 스스로 생각해보고, 생각한 것을 다른 사람들과 자유롭게 나눌 수 있는 토론 교육을 받았으면 어땠을까?

그 어느 때의 배움보다도 현재 책을 읽고, 여러 사람들과 나누는 것에서 훨씬 많은 것을 배우고 있다. 혼자서 하는 다독(多讀)은 다독(多毒)이 될 수 있다. '많이 읽어야 한다'는 욕심이 나를 짓누르는 압박감이 되고, 부담감이 되고, 경쟁심이 되고, 오만함이 된다. 대한민국의 학생들이 필자의 전철을 밟지 않도록 많이 읽은 것을 많이 나누었으면 좋겠다. 자유롭게 생각을 나누는 독서토론이 가능해질 때, 우리는 더욱 성장할 수 있다.

토론은 최고의 기억 공부법

 오랜 시간이 지나 되돌아보면 고등학교 시절 들었던 수업 내용은 거의 떠오르지 않는다. 그저 야자시간에 친구들과 수다를 떨어 재밌었던 일이나, 누구와 누가 싸워서 급식이 코로 넘어가는지 입으로 넘어가는지 모르게 충격적이었던 일들만 떠오를 뿐이다. 그렇지만 그 중에서도 오랫동안 기억에 남는 수업이 있다. 바로 근현대사 시간에 흥선 대원군의 쇄국정책에 대해 토론을 했던 일이다. 매일 책을 들여다보고, 선생님 말씀을 옮겨 쓰면서 지루한 수업을 하던 중에 했던 토론 수업은 마치 마른 땅에 내리는 단비처럼 설레는 일이었다.
 한 주 동안 열심히 자료 조사를 하고 난 후 드디어 토론 수업을 하는 날이 되었다. 약간 긴장하긴 했지만 그 수업을 한 날은 행복한 기억 중 하나로 남아있다. 토론의 승부와 상관없이 사전에 공부한 것을 바탕으로, 필자의 생각을 친구들한테 표현한다는 것이 짜릿한 기쁨을 주었기 때문이다. 선생님의 칭찬이 더해져 이제는 그 날을 잊기가

더 힘들다.

전성수 작가의 《최고의 공부법-유대인 하브루타의 비밀》에는 '외부의 정보가 우리의 두뇌에 기억되는 비율'이 적힌 학습피라미드가 소개되어 있다. 학습피라미드는 '다양한 방법으로 공부한 다음에 24시간 후에 남아있는 비율을 피라미드로 나타낸 것'이다.

> "이 피라미드를 보면 강의 전달 설명은 5%, 읽기는 10%, 시청각 교육은 20%, 시범이나 현장 견학은 30%의 효율성을 갖는다. 우리가 학교나 학원에서 교사가 강의를 통해 설명하는 교육은 5%에 불과하고, 학생들이 책상에 앉아 열심히 읽으면서 공부하는 것이 10%, 그렇게 강조한 시청각 교육은 20%에 불과하다. 그런데 모둠 토론은 50%, 직접 해보는 것은 75%, 다른 사람을 가르치는 것은 90%의 효율을 갖는다"

오래전에 했던 토론 수업을 필자가 잘 기억하고 있는 이유는 그 수업에 필자가 흥미를 느끼고 자발적으로 참여했기 때문이다. 그저 선생님이 불러주는 것을 따라 적는 것이 아니라, 스스로 생각하고 자료를 찾으면서 더 깊은 뇌 속에 기억을 새긴 것이다. '내가 무엇을 알고, 무엇을 모르는지 바라볼 수 있는 공부'가 바로 진짜 공부다. 그리고 토론이라는 '자신의 생각을 타인에게 전달하는 과정'에서 더욱 확실하게 '그것을 아는지, 모르는지' 혹은 '어떻게 표현하면 더 좋은지' 인식할 수 있다. 이런 공부가 쉽게 머릿속에서 사라질 리가 없다.

《기적의 뇌 사용법》에는 뇌가 기억을 잘 하도록 하는 방법으로 '독서한 내용을 간단하게 요약해 보는 것', '그것을 앞에 서서 발표해 보는 것', '독서한 것을 바탕으로 다른 사람과 대화를 나눠 보는 것'을 추천한다. 이러한 활동으로 뇌 내의 세포들인 뉴런과 뉴런이 연결되고, 뇌를 발달시킨다. 읽은 내용을 다시 한 번 요약하는 것에 많은 집중력이 요구되는데, 대화는 그 이상이다. 스스로 생각한 것을 머릿속으로 떠올리며 단어로 표현해야 되고, 동시에 타인을 바라보며 그 사람의 반응을 살펴야 한다. 그것이 동시에 이루어지면서 우리의 뇌는 더 많은 자극을 받기 때문에 혼자 책을 읽을 때보다 훨씬 더 머릿속에 잘 남을 수 있다는 것이다.

이것이 끝이 아니다. 토론은 내 생각만 전달하고 끝나는 것이 아니라, 타인의 생각을 듣고 판단해야 하는 일도 남아 있다. 나와 다른 생각을 하는 사람의 이야기를 들으면서 논리에 설득이 되거나, 몰랐던 부분을 깨달으면 토론은 1차원적인 수준에서 넘어서게 된다. 같은 책을 읽었어도 나와 다른 입장에서 바라보는 사람의 관점까지 흡수할 수 있다면 책 한 권으로 더 많은 것을 배울 수 있다. 더구나 이런 깨달음의 과정은 머릿속에서 쉽게 잊히지 않는다.

사람의 뇌 속에 있는 해마는 기억력을 담당하는 기관이다. 새로운 정보가 들어오면 1주일 정도 해마에서 보관되다가 그 정보가 장기기억 보관소로 갈 것인지, 버려지는 것인지 정해진다. 이것은 사고로 뇌의 일부를 다친 사람의 해마를 제거했더니, 새로운 정보를 전혀 저장하지 못하는 것을 보고 알아낸 사실이라고 한다. 영화《첫키스만 50번째》의 여주인공이 바로 이런 경우이다. 사고로 뇌 수술을 하게 된 그녀에게 새로운 내일은 없다. 하루 종일 아무리 새로운 일이 생겼다 하더라도 내일이 되면 다시 잊고 만다. 그래서 사고 이후 사랑하게 된 남자를 매일 잊어버리고 매일 다시 알아가야 하고, 그와의 키스는 매번 첫키스가 되는 것이다.

그렇다면 해마는 어떤 기억을 더 잘 기억하고, 어떤 기억을 잘 잊어버릴까? 그것은 우리의 감정과도 연관되어있는데, 즐거운 상태에서 배운 것은 더 잘 기억한다고 한다. 반면에 스트레스를 받으면 해마가 위축되어 기억력이 감퇴할 가능성이 커진다. 아무리 공부해도 성적이 오르지 않았던 과목이 있었는가? 생각만 해도 가슴이 답답하고, 재미도 없으며, 마음이 불편한 과목은 아무리 공부해도 이상하게 성적이 잘 오르지 않는 것처럼 보인다. 필자는 어릴 때 바이올린을 배웠다. 선생님이 아주 무서운 분이셨는데, 선생님 앞에서면 위축되고 실수가 잦아졌다. 선생님께 혼이 날수록 바이올린이 더욱 싫어졌고, 실력은 크게 늘지 않는 것처럼 느껴졌다.

몇 년 전까지 한 여고 앞을 지날 때마다 기분이 우울해졌다. 이유를 몰라서 한참 고민을 했는데, 알고 보니 그 여고는 바로 대입 수능시험을 쳤던 곳이었다. 과거에 힘들었던 경험을 한 곳을 무의식이 기억한다는 것이 참으로 신기했다. 무의식도 이렇게 고통스러운 것을 피하려고 하는데 하물며 대놓고 스트레스 받는 순간을 뇌가 기억하고 싶겠는가.

지루하고 힘들었던 다른 수업은 모두 잊었지만, 유독 '흥선 대원군'에 대한 토론수업을 기억하고 있는 이유는 아마 그 순간에 '즐거움'을 느꼈던 탓도 있을 것이다. 그 순간을 떠올리면 기분이 좋고 행복해지니 잊을래야 잊을 수가 없는 것이다. 즐거우면 더 잘 기억난다. 즐거운 순간이 더 오래도록 남는다. 그러니 긴장감이 넘치는 '내가 맞네, 니가 틀렸네'하는 토론보다, 서로에게 지적인 희열을 주는 토론을 해보자. 토론에서 '누가 맞고 틀리고, 누가 이겼고 졌고'를 따지지 말고, 모든 다양한 생각에서 배울 수 있다면 한 번의 토론에서 얻을 수 있는 것이 너무 많다. 그리고 즐거우면 즐거울수록 더 잘 기억에 남는다니 얼마나 남는 장사인가.

괴문절에 '책을 한 권 읽으면 한 권의 이익이 있고, 책을 하루 읽으면 하루의 이익이 있다'는 말이 있다. 그만큼 독서가 이익이 된다는 뜻이다. 필자는 이 명언을 이렇게 바꾸어 보고 싶다.

"책을 한 권 읽으면 한 권의 이익이 있고, 책을 한 권 읽고 생각을 나누면 생각지 못하는 이익이 있다"

　책을 읽고 나서 여러 사람이 생각을 나누면 한 권 이상의 이익이 있을 것이다. 여러 관점으로 동시에 책을 읽는 것이니 입체적이고, 다면적으로 책을 이해할 수 있다. 기억에도 오래남고, 생각의 폭도 확장시킬 수 있는 토론을 당장 시작해보자.

　2013년에 방송되었던 EBS 《공부하는 인간》의 다큐멘터리에서는 여러 나라 학생들이 공부하는 모습을 취재하며, '공부가 무엇인지', '문화권 별로 공부와 인간의 관계는 무엇인지' 소개하였다. 전 세계에서 가장 사교육이 발달한 나라인 대한민국의 학생들은 '좋은 대학에 가야하기 때문에 공부한다'라고 말했다. 대한민국에서 자라고 배운 한 사람으로서 잘 아는 이야기라 그다지 놀라지 않았다. 그런데 인도의 한 학생은 '내가 공부하는 이유는 어려운 환경을 이겨내기 위한 것이고, 받은 것을 다른 사람에게 돌려주기 위한 것'이라고 대답했다. 인터뷰를 들으면서 가난한 인도 학생들에 비해서 물질적으로 풍부한 대한민국 학생들이 받는 교육이 정말 좋은 것인지 확신할 수 없었다. '배운 것을 나눌 수 있다는 것'을 알지 못한 채, 남보다 나은 성적을 받아서 좋은 대학에 가야하는 아이들의 공부는 과연 얼마나 의미있는 것일까?

　이 다큐멘터리 3편에는 유태인의 공부법을 집중적으로 보여준다. 한국과 일본의 학생들이 수업 내용을 필기하고 거의 모든 것을 암기하는 것에 비해 유대인 학생들은 '왜'라는 질문을 하도록 교육받는다. 한국의 어머니들은 학교에서 돌아온 자녀에게 '오늘 학교에서 뭐 배웠니?', '선생님이 뭐라고 하셨어?'라고 묻는 반면에 유태인의 어머니들은 '오늘 학교에서 무슨 질문을 했니?'라고 묻는다. 심지어 유태인들이 가는 도서관도 아주 특이하다. '예시바'로 불리는 도서관에서는 어느 누구도 혼자 공부할 수 없다. 유태인들에게 공부란 '다른 사람과 의견을 나누고 소통하며 발전시키면서 책의 의미를 이해하는 것'이므로 도서관은 항상 논쟁과 토론을 하느라 시끄럽다.

    2만 명의 하버드 대학교 학생들의 30%가 유태인들임을 강조하고 싶지 않다. 또 유태인들의 공부법이 정답이니, 우리도 따라해야 한다고 하는 말이 아니다. 다만 생각을 나누면서 서로 배우는 유태인 학생들에 비해서, 매 순간 홀로 싸우는 대한민국의 학생들이 공부가 외롭고, 괴롭지는 않은지 걱정된다. '아이들이 국가의 미래'라는데, 아이들이 행복하지 않으면 우리의 미래는 어떻게 되겠는가. 경쟁으로 가슴 졸이며 지내는 아이들보다 서로의 생각을 나누면서 배우는 아이들이 더 행복하지 않을까? 토론식 공부법이 대한민국 교육문제를 모두 해결해줄 수는 없겠지만, 적어도 학생들이 자신의 생각을 자유롭게 표현하고 키워나가는데 도움을 줄 것이라고 생각한다. 또한 토론하면서 공부하는 것이 아이들 스스로 배운 것을 기억에 잘 남길 수 있는 '효율적'인 공부법이다.

꿈의 씨앗이 숲이 되는 독서모임

니체는 '인간 정신의 3단계 변신설'에 대해 각각을 낙타와 사자 그리고 아이에 비유하였다. 유영만 작가는 《니체는 니체다》에서 그 비유를 해석해준다. 먼저 낙타는 '맹목적으로 복종'하는 존재다.

"낙타를 떠올리면 뜨거운 태양을 온몸으로 받으며 사막 위를 묵묵히 걸어가는 모습이 연상된다. 낙타는 아무리 무거운 짐을 짊어져도 웬만해서 쓰러지는 법이 없다. 대단한 인내심의 소유자다. 무거운 짐을 짊어지기 위해 낙타는 수없이 무릎을 꿇었으며, 굳은살로 단단해졌다. 그런데도 낙타는 절대로 '아니오'라고 말하지 않는다. 자신의 운명을 받아들이고 주인의 명령에 복종하며 수동적으로 살아가는 것이다"

유영만 작가는 이런 '낙타들이 우리 주변에도 무수히 많으며, 그들은 자신만의 꿈을 꾸지 않고, 왜 이 일을 해야 하는지 묻지도 않는다고 말한다. 그들이 매고 가는 짐은 '낡은 생각과 과거의 성취, 의미 없이 부과된 책임들'이다. 가슴이 뜨끔하면서 혹시 필자 스스로 '낙타 같은 사람은 아닌지 생각해 보았다. 자신이 무엇을 원하는지도 모르는 채로, 싫어도 '아니오'라고 말하지 못하며 낡은 생각을 하면서 살고 있는 것은 아닐까. 당당하게 '아니오'라고 말하고 싶다.

그렇다면 단호하게 '아니오'라고 말할 수 있는 사자는 어떤가?

> "자신이 원하지 않는 것에는 일말의 관심조차 없는 사자는 낙타와는 다른 삶을 산다. 맹목적으로 주인에게 봉사하는 낙타와는 다르게 사자는 누구의 명령도 듣지 않고 오직 자신의 욕망을 충실히 따른다. 모든 걸 부정하고 이렇게 외친다. '나를 내버려둬라. 나는 그 누구의 명령도 받고 싶지 않다. 자유를 원한다'고 말한다"

사자는 마땅히 해야 할 의무와 명령에 당당히 '아니오'를 외치며 자신의 자유를 주장하지만 사실 자유를 어떻게 사용할지 모른다는 맹점이 있다. '왜냐하면 자기 스스로 무엇을 위해서, 왜 존재하는지를 진지하게 묻지 않았기 때문'이다. 그저 누구의 간섭도 받고 싶지 않을 뿐, 자신이 진정 원하는 것을 고민해 본 적이 없다.

만약 당신이 수동적인 낙타의 단계에서 사자의 단계가 되어 '당당히 아니오'를 외칠 수 있게 되었다면, 이제는 그 다음 단계로 가야할 때이다. 바로 '어린아이'다.

"니체는 '어린아이는 천진난만이요, 망각이며, 새로운 시작, 놀이, 스스로의 힘으로 굴러가는 수레바퀴이고, 최초의 운동이자 신성한 긍정'이라고 말한다. 으르렁대던 사자와는 달리 어린아이는 모든 것에 웃음으로 화답한다. 사자에게는 '힘든 전투'이지만 어린아이에게는 '재미있는 놀이'다. 그래서 어린아이는 언제나 즐겁고 신난다. 결국 으르렁 거리는 사자는 욕망을 실현하지 못하지만, 어린아이는 웃으면서 자신의 욕망을 표출하고, 마침내 실현한다"

낙타와 사자 그리고 아이의 비유는 '토론하는 마음가짐'에 적용할 수 있다. 필자는 '토론은 말로 싸워 이기는 것일 뿐'이라는 편견과 선입견이 있었다. 그래서 '싸워 이길 수 있다면' 사자처럼 도전했지만, '싸워 이길 수 없다면' 낙타처럼 순종했다. 그 이외에 다른 방법이 있다고 생각하지 않았고, 필요성을 느끼지도 못했다. 그런데 토론도 '어린아이' 마음으로 하면 새로운 재미를 발견할 수 있다. 토론에도 여러 가지 방법이 있는데, 찬성 반대 토론에 익숙해지면 타인의 논리의 약점을 찾고 자신의 약점을 보완할 생각만 하게 된다. 승리의 희열감을 줄 수 있다하더라도 약점이 드러나는 일에는 감정을 다칠 수밖에 없고, 피 튀기는 설전의 방법이 모든 사람에게 효과적인 것도 아니다. 치열한 생각의 부딪힘도 필요하겠지만 자유롭게 서로의 생각을 나누면 '생각지도 못한 것'을 배울 수 있다. 잊고 있던 어린 시절의 꿈들을 건드려보기도 하고, 예상치 않은 창의력이 살아나기도 한다. 재미있고, 자유로운 분위기에서 새로운 아이디어가 통통 튀기 시작한다.

최근 '배민다움'을 퍼뜨리고 있는 '배달의 민족'은 회의실에서 책상을 없앴다. 석촌호수가 바라보이는 계단 형식의 방에서 직위를 막론하고 둘러앉아 생각을 나눈다. '더 편안하고 자유롭게 자신의 생각을 발언하도록 하기 위함'이다.

웹 사이트 관련 서비스를 제공하는 회사 이노버스 박현우 대표는 직원들이 오면 행복한 직장을 만들기 위해서 게릴라 소풍을 나가거나, 개그타임을 갖는다고 한다. 딱딱하고, 힘든 분위기가 아니라 재미있게 즐기는 과정에서 더 좋은 아이디어가 나온다는 철학이 있기에 이런 회사 운영이 가능한 것이다.

토론을 할 때 타인의 이야기에 귀 기울여야 하고, 필요하면 자신의 생각도 강하게 어필해야 한다. 그렇지만 어린아이처럼 즐기면서 배울 수 있다면 그것만큼 좋은 방법은 없지 않을까? 어린아이와 같은 마음이 재밌게 토론을 하도록 하고, 우리의 마음을 열어두게 만든다. 또한 토론을 지속할 수 있는 힘을 준다.

니체는 '사람들의 생각이 너무도 진지하고 무거워서 결국에는 난쟁이가 되어간다'고 말했다. 자신의 진지하고 무거운 생각에 머리가 눌리어 자꾸 땅으로 내려가는 것이다. 필자처럼 매사 고민이 많은 사람에게 딱 필요했던 말이다. 어린아이처럼 즐기는 마음으로 지내보면, 나에게 맞는 키로 나답게 살 수 있다. 혹여나 너무 진지하여 자신이 괴로울 정도라면 니체의 '난쟁이' 비유를 생각하며 무거운 짐을 벗어버리자.

아직도 '어떻게 어린아이처럼 변할 수 있을까' 고민하는 분들이 있다면 필자가 또 한 번 무릎을 치며 읽었던 구절을 공유하고 싶다.

> "어린아이를 낳으려면 먼저 자신을 사랑해야 한다. 나를 사랑하지 않고서는, 그리고 내 자신의 삶을 사랑하지 않고서는 어린아이는 임신도 안 되고 출산도 안 된다는 것이다. 여기서 자신을 사랑하라는 말은 기존의 나를 죽이고, 새로운 나를 탄생시키라는 자기 극복의 가르침이다"
>
> 《니체의 위험한 책, 차라투스트라는 이렇게 말했다》 고병권

'기존의 나를 버리고, 새로운 나로 태어나는 것이 바로 내 안의 어린아이를 출산하는 방법이다' 필자는 타인의 목소리에 따라 살면서 스스로를 참 많이도 미워했다. 달리고 달려도 부족했고, 성에 차지

않았으며, 모자란 것 투성이었다. 도대체 언제쯤 '사랑할 만한 나'가 되어 있을지 알 수 없었다. 그런데 사실 우리는 매 순간 사랑스럽고, 완벽하다. 스스로를 사랑할 수 있으면 다른 사람들의 목소리에 따라 살던 '기존의 나'를 쉽게 버릴 수 있다. 왜냐하면 그건 진정한 내 모습이 아니기 때문이다. 자신을 사랑할 수 있다면, 어떤 것이 자신을 진정으로 어린아이처럼 행복하게 만들 수 있는 것인지는 자연스럽게 알 수 있을 것이다.

필자는 처음 유영만 작가의 《니체는 나체다》를 통해서 니체의 '낙타, 사자, 아이'의 비유를 읽었을 때, 눈물이 났다. 취업준비에 한창이던 시기에 괴로우면서도 왜 괴로운지 몰랐다. 니체를 읽으면서 마음을 가만히 들여다보게 되었고, '하기 싫은 마음'이 있음을 알게 되었다. 너무 하기 싫은데 해야만 하는 상황이 괴로웠던 것이고, 그럼에도 '하기 싫다'는 말을 하지 못하는 것이 더욱 괴롭기만 했다. 그런데 그것이 바로 '낙타'같은 생각이었다니! 더구나 그렇게 살지 말라고 이야기해주니, 얼마나 니체가 멋있게 보였겠는가.

이제 더 이상 내가 원하지 않는 모습으로 살아갈 필요가 없다는 생각에 기쁨의 눈물이 흘렀고, 지금까지 자신을 누르면서 살아온 필자의 모습에 안타까움의 눈물이 흘렀다. 그런데 니체의 조언은 거기서 끝이 아니었다. '정말로 원하는 것을 하라! 기쁨의 웃음이 터져 나올 것만 같은 일을 하라! 신이 나서 놀면 시간이 가는 줄도 모르듯 그렇게 아이처럼 살아라! 사실 그게 진짜 당신의 삶이다!' 니체의 이야기를 듣는 순간, 기쁨의 고함을 외치면서 밖으로 뛰어나가고 싶은 심정이었다.

　니체는 당신에게 묻는다. "지금의 나는 무엇인가? 낙타인가, 사자인가? 아니면 어린아이인가?" 필자가 너무나도 당연하게 사회의 목소리에 따라 살아왔듯이 그렇게 살아간 사람들이 수 없이 많고, 지금도 그렇게 살아가는 사람들이 많다. 스스로 낙타인지 모르는 채 낙타로서 살아가고 있는 사람들이 있다. 진짜 낙타에게 미안하지만, 우리는 낙타로서 살아가면 안 된다. 사자처럼 단호하게 '아니오'라고 외쳐야 한다. 그리고 거기서 그치면 안 된다. 나아가 정말 당신이 어린아이처럼 행복해질 수 있는 순간을 찾아야 한다.

　낙타에서 사자로 가는 순간은 그렇게 어렵지 않을 수도 있다. 조금만 용기를 내면 원하지 않는 일에 '아니오'라고 소리칠 수 있다. 중요한 것은 사자에서 어린아이가 되는 방법이다. 필자는 니체의 이야기를 읽으면서 눈물은 흘렸지만, 막상 무엇을 해야 어린아이처럼 행복해질 수 있는지 도통 알 수가 없었다. 초원처럼 드넓은 자유를 가지게 되었는데, 도리어 두려워지기 시작했다. 진짜 원하는 것을 찾는데는 조금 더 시간이 걸렸다. 다만 독서는 놓지 않았는데 꾸준히 책을 읽으면서 여러 작가들과 이야기를 나누고, 자신과도 이야기를 나누었다. 독서모임을 참여하면서 다양한 사람들을 만나고 토론하고,

생각을 나누었다.

어느 날 보니 더 많이 웃고 있었다. '행복하다'라고 말하고 있었다. 여러 사람들의 생각과 내 생각이 섞여 화학작용을 일으키면서 꿈이 무르익고, 필자의 눈앞에 톡 하고 떨어졌다. '이것을 하면 좋겠다'는 생각을 했다가, '이것을 할 수 있겠다'는 생각이 들고 어느 새 그것을 하고 있는 스스로를 발견했다.

혹시 '삶이 너무 편안하여 이런 생각을 할 수 있는 것이 아닐까' 의심이 고개를 들면, 니체의 삶을 보고, 숱하게 방황하며 자랐다는 《니체는 나체다》의 저자인 유영만 작가의 삶을 보면 된다. 삶이 너무 평안하고 여유로워서 이런 생각을 할 수 있는 것이 아니다. 어려운 삶에서도 희망을 본 사람들이 있다. 다른 수 많은 책에서 수 많은 작가와 수 많은 삶들이 이를 증명한다. 필자는 독서를 하면서 '희망'을 배웠다. 그리고 읽은 것을 다른 사람들과 나누면서 그 희망이 현실이 되어가는 것을 지켜보았다. 지금의 우리 현실과 책 속의 삶이 너무 다르다면, 다른 만큼 꿈꾸고 희망하면 된다. 읽은 것을 사람들과 함께 나누다 보면, 어느 날 당신이 꿈꾸던 꽃이 봉오리를 톡 열고 피어날 것이다.

3년 동안 독서모임에 참여하면서 많은 사람들을 만났다. 기적처럼 독서모임에 참여했던 많은 사람들이 독서모임을 통해서 자신의 꿈을 찾았다. 작가의 꿈을 찾은 40대 주부, 개인 카페를 창업한 언니, 육아 우울증을 이기고 영어도서관을 지은 전직 영어강사, 초등학교 교사가 된 친구, 대한민국의 독서 문화 활동을 위해서 창업한 오라버니, 어릴 때부터 꿈꿔왔던 과학자가 되기로 한 청년 등 그 사례는 지금도 만들어지고 있다. 더 멋진 일은 그들의 꿈이 자신뿐만 아니라 누군가를 도울 수 있는 꿈이라는 것이다.

독서모임에 나오면 꿈을 찾는 것이 아니라, 독서모임을 통해서 생각이 자라면 자연히 더 나은 자신의 모습을 꿈꾸게 된다. 그리고 타인과 나눌 수 있게 된다. 뭐니뭐니해도 사실 사람의 힘이 제일 크기 때문이다.

책도 사람이 만드는 것 아니겠는가. 혹시 당신이 어디선가 표류하고 있다면, 그저 세상의 바람에 따라 이리 저리 휘둘리고 있다면 '꼭 독서하라고, 독서모임에 나가보라'고 조언해주고 싶다. 그래서 당신이 '왜 독서해야 하는지', '왜 꿈꿔야 하는지', '사실은 당신이 얼마나 많은 잠재력을 가진 사람인지' 깨닫게 되기를 바란다.

독서모임에 참여하면서 필자는 꿈을 가지게 되었다. 과거의 필자처럼 꿈을 잃은 채로 앞만 보면서 달려가는 사람들에게 '좀 더 행복해져도 된다'는 것을 알려주고 싶다. '생각을 나눈다'는 쉬운 방법으로도 삶이 더 풍요로워질 수 있음을 전하고 싶다. 혼자서 달리는 것보다 함께 달리면 더 멀리 갈 수 있음을 몸소 느꼈기 때문이다.

최근 독서모임에서 심리학자 아들러의 어록을 모아 놓은 《항상 나를 가로막는 나에게》라는 책으로 생각을 나누는 시간을 가졌다. 책을 읽고 모인 사람들의 반응은 제각각이었지만, 함께한 나눔의 시간은 역시 좋았다. 아들러는 '인간은 태어나는 순간부터 비교대상을 찾으며, 스스로 약하고 부족한 느낌을 못견디어 목표를 가지고, 항상 바쁘게 살아간다'고 따끔하게 충고한다. 사람들이 그렇게 살아가는 이유는 누구나 가지고 있는 열등감 때문인데, 사실 열등감 그 자체가 문제는 아니다. 열등감으로 인한 우울증이 자신을 가두고, 진지한 노력을 하지 않을 때 위험한 것이지 '성장하게 만드는' 좋은 열등감도 있다. 열등감을 강하게 겪은 사람이 무언가 성취하려는 욕망과 열정이 더 크기 때문이다. 그럼 '열등감 덩어리'인 우리는 어떻게 살아야 하는 것일까? 아들러는 우리에게 '용기를 가지라, 그리고 협력하라'고 답해준다.

> "진실하다. 선하다. 신뢰한다. 용감하다. 당당하다.
> 이런 긍정적인 가치들은 모두 사람들 사이에 협력이 잘 되고 있다는 것을 내포한다.
> 그러므로 용기란 결코 개인의 영역에서 가능한 것이 아니다.
> 사람들 사이의 관계를 이해하고 사회 안에서 함께 살아가겠다는 의지이다"
>
> 《항상 나를 가로막는 나에게》 알프레드 아들러, 변지영 편저

사람은 혼자 살아갈 수 없어서 관계를 맺으며 그 안에서 살아가게 되었다. 그러므로 우리가 '남과 비교하는 마음'을 가지는 것은 당연한 것일 수도 있다. 열등감으로 괴로워할 필요가 없다. 용기를 내어 관계를 직시하고, 함께 힘을 모아야 한다. 아무리 혼자서 잘나도 혼자 세상을 살아갈 수는 없다.

어느 날 장자의 제자가 이렇게 말했다.
"스승님의 이야기는 실로 그럴듯하지만 너무 황당해 현실세계에서는 쓸모가 없습니다"
그러자 장자가 대답했다.
"너는 쓸모 있음과 없음을 구분하는구나. 그러면 네가 서 있는 땅을 한번 내려다보아라. 네게 쓸모 있는 땅은 네가 딛고 서있는 네 발바닥 크기 만큼이다. 그걸 제외한 나머지 땅은 너에게 쓸모가 없다. 그렇다고 나머지 땅을 다 없애버리면 어떻게 되겠느냐. 너 혼자 그 작은 땅위에서 얼마나 버틸 수 있겠느냐"
그러자 제자는 아무 말도 못하고 발끝만 내려다보았다고 한다.

필자는 장자의 이야기를 읽으면서 필자의 주위에 있는 많은 사람들을 떠올렸다. '나에게 필요한 사람, 필요하지 않은 사람'을 구분할 수 없었다. 지금 당신과 함께 하는 사람들이 있는 덕분에 당신은 그 자리에서 당당하게 버티고 서 있을 수 있다.

토요일 아침독서모임이 끝나고도 2시간이나 흘렀는데, 언니들이 집에 가지 않는다. 아침 일찍 과일이나, 다과를 사오는 것도 모자라 커피를 마셨던 컵을 손수 씻어 주신다. 삼삼오오 모여서 이야기꽃을 활짝 피우고 있다. 무슨 이야기를 나누시는지 들어보니 '독서'와 '아이들' 이야기다. 엄마가 독서모임에 나오면서 한 주에 한 권이라도 책을 보고 있으니, 아이들이 신기해 한단다. '도대체 무엇을 하는 곳인가 궁금해서 따라오고 싶어한다'고 한다. 책을 읽는 부모님의 모습에 자연스럽게 아이들이 영향을 받고 있다. 좋은 것은 나눌 수밖에 없다. 독서모임에 나오는 한 명만 변하고 있는 것이 아니다. 그 한 사람의 좋은 변화는 가족의 변화, 친구의 변화, 지인의 변화를 끌어당길 것이다. '독서와 나눔'이라는 매일 반복되는 작은 날개짓이 더 많은 사람들에게 좋은 영향력을 발휘할 것을 믿는다.

지금부터 나눔독서를 시작하라!

독서법에는 왕도가 없다.

생각법, 대화법, 공부법 등 다양한 방법을 알려주는 책들이 많아졌다. 독서에 관한 방법을 알려주는 책들도 나오기 시작했다. '평소 독서도 잘 하지 않는데 독서를 하는 방법에 관한 책은 읽기나 할까?' 혹은 '독서법에 관한 책도 있어?'라고 생각하는 사람도 있을 것이다.

독서에 입문하면서 독서법에 관심을 가지니 독서법에 관한 책들이 무수히 많다는 것을 알았다. 그리고 독서를 하면 할수록 독서법이 필요하다는 것을 절실히 느꼈다. '더 빨리 읽을 수 없을까?', '더 정확하게 읽는 비결은 없을까?', '더 효율적인 독서법이 무엇일까?', '어떻게 하면 더 많은 내용을 기억할 수 있을까?' 이런 의문을 가지고 도서관에서 책을 뒤적거리기 시작하니 독서법에 관한 책들이 눈에 들어왔다. 독서량이 많아서 2~3곳의 도서관에서 책을 대여하였다. 여러 도서관을 방문하면서 가는 곳마다 분야별 책들이 다르다는 사실을 깨달았다. 어떤 도서관에서는 독서법에 관해서 하나의 코너로 자리 잡고 있었다. 어떤 도서관은 글쓰기와 함께 엮여 있었다. 사서에 따라서, 또 지역에 주민들의 관심에 따라서 책들의 분류가 다르다는 것을 배우게 되었다.

독서법에는 왕도가 없다. 모든 사람들에게 적용되는, 모든 책에 적용되는 정확하고 효율적인 독서법은 없다. 당연한 말이다. 사람마다 몸이 다르고, 얼굴이 다르고, 지문이 다르듯이 사람마다 생각하는 방법과 글을 읽는 방법이 다르다. 각자 살면서 경험한 것도 다르고, 지적 수준도 다르다. 그렇기 때문에 책에서 한 줄을 읽어도 그 내용을 받아들이는 것은 사람마다 다를 것이다. 독서모임을 진행하면 확실히 알 수 있다. 똑같은 책을 읽고도 토론을 하고 생각을 나누면 각자 감명을 받은 부분이 다르다. 누군가는 '그저 그렇다'라는 말을 하는 반면, 누군가는 '너무 감동이 된다.'며 눈물을 떨구기도 한다.

그렇다면 독서법은 왜 알아야 할까? 그것은 '잘 나누는 법'을 알기 위해서이다. 책을 천 권을 읽고, 만 권을 읽은 사람들이라도 자신의 생각을 나눌 수 없다면, 그것은 자신이 독서로 깊어지는 것이 아니다. 독서로 인해서 자신이 고립되고 책 무덤에 갇히게 되는 것이다. 책 무덤에 갇히면 생각의 흐름은 흐르지도 못하고 한 자리에 고이게 된다. 그리고 고인 물은 썩게 되듯이, 책 무덤의 생각은 썩기 시작한다.

심해지는 독서의 양극화

독서의 양극화는 점점 더 심해지고 있다. 책을 읽는 사람들은 점점 줄어드는 반면, 책을 읽고 있는 사람들의 독서량은 더 늘어나고 있다. '문화체육관광부'가 발표한 국민 독서 실태 조사에서 지난해 성인 중 1권 이상의 책을 읽은 사람들 비율은 20년 전에 비해 21.5% 떨어진 65.3%로 역대 최저 수치를 나타냈다. 하지만 책을 읽는 성인들의 독서량은 지난해 14.0권으로 2013년의 12.9권보다 늘었다. 최근 경향신문에서는 '독서의 격차가 지식의 격차로 이어진다'라고 발표하였다. 그리고 '이 격차가 민주주의를 위협할 수도 있다'라는 주장을 하였다. 데이비드 런시만 교수(영국 케임브리지 대학)는 "저교육층은 자신들의 세계를 이해하지 못하는 고교육층에게 지배당할 것을 두려워하며, 고교육층은 세계가 어떻게 돌아가는지 이해하지 못하는 저교육층의 뜻대로 세계가 움직이는 것을 두려워한다."라는 이야기 전했다.

책을 읽지 않는 사람들이 많아지는 것보다 책을 읽는 사람과 책을 읽지 않는 사람들 사이의 격차가 커지는 것이 더 큰 문제를 낳을 수 있다. 책을 읽는 사람은 더 많이 읽고, 책을 읽지 않는 사람들은 더 읽지 않으면 이 두 계층의 지식의 격차는 더 커질 것이다. 그것은 서로의 '이해'가 어려운 상황을 만든다. 그리고 데이비드 런시만 교수의 말처럼 이 두 계층이 결국 갈등을 만들 것이다. 과연 이런 상황에서 책을 읽는 사람들만 열심히 독서하는 것이 어떤 의미가 있을까?

독서의 양극화를 극복하는 '나눔 독서법'

이 위기를 극복할 수 있는 방법은 '나눔 독서법'이다. 책을 읽고 나누고, 책을 읽는 법을 나누는 것이다. 나 혼자만 책을 읽고서는 아무런 변화가 없다. 독서를 아무리 많이 해도 그 생각을 나누지 못하면 이해하지 못하는 세상에 살아가야 한다.

마치 읽으면 읽을수록 자신이 만든 담벼락만 높이는 것이다. 자신이 살고 있는 집이 아무리 깨끗하여도, 동네의 공기가 맑지 않으면 아무 소용이 없다.

읽으면 읽을수록 나눌 수 있는 세상을 만들어야 한다. 그것이 결국 주변과 함께 자신을 성장시키는 독서이다. 나눔 독서법은 우선 저자와 생각을 나누어야 한다. 사람과 사람이 만나서 대화를 나눌 때, 상대방의 이야기를 잘 들어야 그 사람의 생각을 제대로 알 수 있다. 그렇듯 책을 읽을 때에도 저자가 하려는 말이 무슨 말인지 귀 기울여 들어야 한다.

두 번째로, 나눔 독서법은 나 자신과 생각을 나누는 것이다. 나와 생각을 나눈다는 것은 책을 통해 나의 생각을 정립하고, 동시에 더 깊은 생각을 하는 것이다. 책을 그저 눈으로만 보는 것이 아니라, 제대로 읽으면 자연스럽게 생각이 많아진다. 저자의 생각을 자신만의 생각으로 소화시켜 정리하면 독서를 통해 성장하는 자신을 발견할 수 있다.

마지막으로 나눔 독서법은 타인과 생각을 나누는 것이다. 다른 사람과 생각을 나누면 더 풍성해 진다. 자신이 생각한 것을 다른 사람에게 나누려고 하면 막상 정리를 못하는 사람이 있다. 독서를 하고 난 뒤 자신의 생각을 완전히 소화시키지 못한 것이다. 타인과 생각을 나누는 것은 자신의 생각을 정리하고, 타인의 생각을 통해 더 많은 생각을 하게 된다. 내가 보지 못한 것과 느끼지 못한 것을 다른 사람에게 배울 수도 있다. 나눔은 자신의 생각을 정리하고, 배가 되는 독서로 이어진다.

꾸준히 독서모임을 참여하면서 나눔 독서의 힘을 체험하였다. 독서모임에 참여하기 전에도 독서를 하는 사람들이었으나, 책을 읽고 나누지 못하였다. 혼자 책을 읽고, 변화나 성장을 크게 못 느끼는 사람들이 독서모임을 통해서 책과 함께 자신의 삶을 나눔을 통해서 한 권의 책 이상의 가치를 나누기 시작하였다. 그리고 자신과 함께 주변 사람들과 나누기 시작하였다.

자, 이제 나눔 독서를 통해서 생각의 무덤에서 벗어나리. 나눔 독서법은 독서의 양극화를 극복하고 나 자신과 주변 사람들을 성장시킬 수 있다. 더 나아가 사회를 변화시킬 수 있다. 독서법에 대해서 끊임없이 연구하며, 주변 사람들과 나눌 수 있는 독자가 되길 기대해본다.

독서를 통해 인생을 진두지휘하라

비전이 없는 사람은 독서를 통해 비전을 찾을 수 있고, 비전이 있는 사람은 독서를 통해 더욱 빨리 이룰 수 있다. 세계 최고의 투자가인 워렌 버핏은 "한 분야의 전문가가 되려면 다른 사람보다 다섯 배 더 읽어야 된다."라고 말한다. 자신의 삶을 명확하게 이끄는 비전이 있다면 다른 사람보다 다섯 배 더 읽어야 한다. 만약에 비전이 없는 사람이라면 다른 사람보다 열 배 이상의 책을 읽어야 한다.

헨리 데이비드 소로는 "한 권의 책을 읽음으로써 자신의 삶에서 새 시대를 본 사람이 너무나 많다."라고 말한다. 독서는 자신의 삶을 돌아보고, 더 나아가 미래 방향성을 가지게 한다. 소프트뱅크의 손정의 CEO는 3년간 투병생활을 통해 4천권의 책을 읽었다. 병원에서 나와 회사경영에 복귀하였을 때 소프트뱅크의 300년 비전을 세운다.

비전이라는 것은 미래의 전망이나 계획을 뜻하는 단어이다. 개인의 삶을 넘어서, 자신이 속한 가정이나 단체, 국가를 위한 이상적인 미래 계획이다. 비전은 단순히 자신의 생각만으로 계획되고 완성되는 것이 아니다.

비전을 세우기 위해서는 우선 자신의 과거를 뒤돌아봐야 한다. 자신이 어떤 삶을 살아왔는지 발자취를 살펴보는 것이다. 어떤 일을 했을 때 일이 잘 풀렸는지, 또 인생을 뒤돌아보며 누구와 만났는지, 그 사람을 통해서 어떤 일들을 이루었는지 뒤돌아봐야 한다. 현재 자신의 모습은 어제까지 행동한 결과이기 때문이다.

과거를 뒤돌아보았으면 현재 자신이 어떤 일을 하고 있는지, 또 누구와 만나고 있는지 한 번 살펴볼 필요가 있다. 특히 과거를 뒤돌아보면서 잘 풀렸던 일들을 지금 하고 있는 것과 좋은 만남을 지금 유지하고 있는지 한 번 살펴봐야 한다. 그리고 실패한 일들을 지금 계속 되풀이 하고 있는지, 잘못된 만남을 지속적으로 유지하고 있는지 뒤돌아 봐야 한다. 자신이 지난 날 살아왔던 과거의 모습이 지금 현재의 모습이고, 현재의 모습이 곧 미래 모습으로 이어지기 때문에 과거와 현재를 점검해 볼 필요가 있다.

나는 매년 명절과 연휴가 되면 내 인생을 변화시킨 책들을 다시 재독하면서 과거와 현재를 점검해 보는 시간을 가진다. 매번 삶을 점검하고 새로운 마음가짐을 가지고 다짐한 것을 시작하더라도 자신을 바꾸는 것은 쉽지 않다.

"5시에 일어나기, 10시 전에 취침하기, 단음식 피하기, 하루 한 시간 걷기, 한 번에 한 가지 일만 하기, 아무 때나 공상하며 시간 보내지 않기."

"감정을 보이지 않기, 합당한 근거 없는 의견에 휘둘리지 않기, 다른 사람 의견에 신경 쓰지 않기."

"이틀째 계획을 따르지 않고 늦장을 부렸다. 왜 그랬을까? 나도 모르겠다. 하지만 좌절은 금물이다. 더 능동적으로 행동할 수 있도록 강제로 나 자신을 밀어붙여야 한다."

평범한 사람의 일기장 인듯하지만 위의 글은 대문호 톨스토이 작가의 일기이다. 아무런 정보 없이 글을 볼 때는 누군가 내 일상을 글로 써놓은 듯 했다. 대문호 톨스토이 역시 매번 계획을 설정하고 실패하는 나와 모습이 같다는 사실을 보면 현실을 살아가면서 힘이 난다. 또 앞으로의 비전과 미래 계획을 세울 때 희망을 가지게 한다.

새로운 내일의 길을 만들고 싶다면 지금까지 이어온 습관과 행동에서 벗어나야 한다. 이전에 가진 잘못된 행동들을 그대로 가지고 있으면 미래는 절대로 바뀌지 않는다. 세계 최고의 투자가 워렌 버핏, 대문호 톨스토이, 성공한 위인들 모두 과거에는 평범한 독자였다.

미래를 위해서는 지식과 정보가 아닌 새로운 시선, 즉 세계관이 바뀌어야 한다. 세계관이란 세상을 바라보는 눈이다. 빨간색 안경을 쓰고 있으면 세상이 빨갛게 보인다. 검은색 안경을 쓰고 있으면 세상이 검게 보인다. 이렇듯 자신의 세상을 보는 눈이 바뀌지 않고는 변하는 것이 절대로 없다. 새로운 학위나 자격증 따위가 미래를 바꿔주지 않는다.

한양대 교수이시면서 70여권의 책을 집필한 유영만 작가는 저서 브리꼴레느에서 전문가의 세계를 별 볼 일 없다고 말한다.

우리의 학문체계는 어떤가. 파리대학 파리학과에서는 1학년 때 먼저 '파리학 개론'을 공부한 후 '파리 앞다리론', '파리 뒷다리론', '파리 몸통론' 등 각론을 배우고 졸업한다. 파리학과를 졸업하면 "이제 파리에 대해 알 것 같다"고 말하지만, 실상은 잡다하게 들은 것만 많을 뿐 설명할 수는 없는 상태다. 부분이 전체로 통합되지 않는 부분 분석과 분해 중심의 교육과정은, 파리에 대해 배웠으나 전체로서의 파리를 알지 못하는 학생들을 양산하는 주범이다.

석사과정에서는 한술 더 뜬다. 파리석사는 파리 전체를 연구하면 결코 졸업할 수 없기 때문에 파리의 특정 부위, 예컨대 '파리 뒷다리'를 전공한다. 2년간 연구한 결과물은 《파리 뒷다리 관절 상태가 파리 움직임에 미치는 영향에 관한 연구》나 《파리 뒷다리 움직임이 파리 몸통에 미치는 영향에 관한 연구》라는 석사논문으로 정리된다.

이윽고 석사는 박사과정에 입학한다. 파리학과 박사과정생은 파리 뒷다리를 통째로 전공해서는 결코 학위를 취득할 수 없다. 이

> 제 박사과정생은 석사학위보다 더 세부적인 전공을 택해야 한다. 예를 들면 '파리 뒷다리 발톱'이 될 수 있다.
>
> 《브리꼴레느》 유영만

한쪽으로 치우쳐진 시선은 자신을 편협한 우물에 매몰되게 한다. 우물 안의 개구리가 되어서는 세상을 향한 시선이 하나 밖에 되지 않는다. 미래를 보는 시선을 바꾸기 위해서는 반드시 책을 읽어야 한다.

링컨은 "한 권의 책을 읽은 사람은 두 권의 책을 읽은 사람에게 지배당한다."라고 말하였다. 독서는 세상을 바라보는 창문이다. 한 권의 책을 읽는 것은 세상을 바라보는 하나의 창문이 열린 것이다. 열 권의 책은 열 개의 창문, 백 권의 책은 백 개의 창문이 열린다. 남들보다 좀 더 나은 미래를 만들기 위해서 세상을 바라보는 창문을 늘려야 한다. 독서는 미래를 바라보는 시선을 가지게 하며 미래를 준비하는 행동이다.

아무런 비전이 없는가, 독서를 통해서 비전의 계획을 세워라. 자신만의 비전이 있지만, 현실은 전쟁 같은 삶을 살아가고 있는가, 나폴레옹이 이집트 원정길에서 천 권의 책을 들고 전쟁 중에도 책을 손에 놓지 않았던 것처럼 끊임없이 책을 읽어라. 우리는 끊임없이 변하는 시대를 살아가고 있다. 내가 세운 계획이 언제 바뀔지 모르며, 이전에 유망직업이 사라지고 새로운 직업이 생기는 시대이다. 자신의 삶을 주도할 수 있는 위대한 전략가가 되어야 한다. 위대한 전략가는 하나의 길로만 가는 사람이 아니다. 수 많은 위기와 어려움 가운데서도 새로운 돌파구를 찾는 사람이 위대한 전략가이다. "이 세상에서 가장 빠른 시간 안에 가장 위대하게 바꿔줄 방법은 독서밖에 없다."라고 말한 워렌 버핏의 말처럼 독서는 자신의 비전을 진두지휘하는 위대한 전략가로 만들어 줄 것이다.

부록
독서를 통해 변화된 사람들

독서를 통해 변화된 삶 _ 아픔을 통해 독서를 만나다

하진형(기성준 작가 후배)

1. 내가 독서를 시작하게 된 계기

내가 독서를 만난 것은 2016년 1월이다. 이 시기에 교제하던 여자친구와 이별을 겪으며 그 슬픔을 잊기 위해 독서를 시작하였다. 삶이 너무 무기력해져 있다는 것을 알았을 때 어떻게 해서든 극복하자 다짐하였는데, 그 때 눈에 들어 온 것이 책이었다.

막상 독서를 시작하니 뜻대로 되지 않았다. 책에 온전히 집중하는 시간은 형편없었고, 눈은 글을 읽고 있지만 머릿속에는 다른 생각으로 가득 차 있었다. 책 읽는 것도 내 마음대로 되지 않는다는 걸 새삼 알게 되었고 독서에 대한 간절함을 붙들고 기성준 작가를 찾아갔다. 독서를 제대로 해보고 싶다는 동생의 말에 기성준 작가는 환하게 웃으며 '네가 드디어 독서를 만날 때가 왔구나.' 라고 말해주며 독서에도 단계가 있다며 독서법을 하나씩 가르쳐주기 시작하였다. 그렇게 시작한 독서는 날이 갈수록 즐거워졌고, 2016년 한 해에 150권의 책을 읽을 수 있었다. 그때 나이 스무 여섯 살, 어린 나이지만 내 평생에 읽은 모든 책 보다 많은 책을 읽은 것이다. 독서는 이렇게 이별의 슬픈 자리를 대신해 내 삶의 한 부분으로 자리 잡게 되었다.

독서를 시작할 무렵에 기성준 작가가 독서모임을 하나 만들려하는데 참여해보지 않겠냐는 제안을 하였다. 나는 한 치의 망설임 없이 참여하겠다 답하였다. 독서를 제대로 해보지 않았던 터라 독서모임도 참여할 기회가 없었는데, 독서를 시작하게 되면서 독서모임이란 모임에도 처음으로 참여하게 되었다. 독서모임에는 여러 명의 다독가들과 나와 같이 이제 독서에 입문하는 사람들이 섞여 있었다. 같은 책을 읽고 나눔을 하며 짧은 시간에 여러 명의 독서 후기를 들을 수 있었고, 무엇보다 독서 모임을 통해 배운 것은 다독가들의 독서 기술들이었다. 사람마다 다른 장소와 시간대에 책을 읽는데 그때마다 어떻게 독서에 집중하는 지에 대해 서로 이야기 하며 그들의 독서 기술을 배울 수 있었다.

2. 독서를 통해서 변한 삶?

독서를 통해서 변한 것들은 참으로 많다. 모두 다 말하기엔 너무 많은 분량의 글이 나오기 때문에 가장 큰 변화들만 말하려한다.

　첫째, 나 자신을 바라보는 눈이 달라진다. '하면 된다.', '할 수 있다.' 늘 나 스스로에게 하는 말이다. 모든 상황 속에서 이 말들을 적용시키며 긍정적으로 생각하고 극복 해나가려 하였지만 그럴 때마다 늘 한계에 부딪혀 넘어지곤 하였다. 그러나 독서를 하기 시작하면서 내 마음 속에서 외치던 '하면 된다.', '할 수 있다.' 이 두 마디의 소리가 더욱 커지게 되었고 늘 만나던 한계를 극복할 수 있게 되었다.

　둘째, 책을 통해 수 많은 사람들을 만난다. 힘든 환경을 극복하고 지금의 자신을 만든 사람, 철저한 자기 관리와 자기계발을 통해 사회적 직위를 유지해 나가는 사람, 자신의 꿈에 미쳐 그 분야의 전문가가 되는 사람 등의 다양한 사람들을 말이다. 책 속에서 이들을 만나게 되면서 나의 어려움은 이들에 비하면 아무것도 아니란 걸 느끼게 되었다. 그리고 나도 충분히 노력한다면 저들과 같은 사람이 될 수 있겠다는 희망을 품게 된다.

3. 자신만의 독서방법

　　　　　　　　　　　　나만의 독서방법이라 따로 특별한 것은 없다. 분야는 되도록 가리지 않으려 하고, 한 번 펼친 책은 덮지 않고 다 읽는 편이다. 그러나 가끔 읽다 수준이 높은 책을 만나 이해가 안 되면 덮어두고 잠시 미루어둔다. 마치 수능에서 어려운 문제를 나중에 풀듯이 말이다. 집중이 안 될 때는 노랫말이 없는 연주곡들을 들으며 읽기도 한다. 참 평범하고 기본적인 나의 독서방법이다. 이것이 전부다.

4. 특별히 책을 읽고 기억에 남기는 기술

독서를 처음 하던 시절 집중력이 낮을 때 기성준 작가가 알려준 스톱워치 독서법이 가장 기억에 남는다. 책을 읽을 때 스톱워치로 자신이 얼마나 독서에 집중하는 지 시간을 알아보는 것인데, 자신의 짧은 독서 집중력 시간을 볼 때 절망하는 자신을 보게 될 것이다. 그러나 좌절하지 말라, 독한 마음을 품고 독서를 하다보면 1분, 5분, 10분 조금씩 늘어나는 집중력 시간을 보게 될 것이다. 한때 좌절하던 나의 경험담이기 때문이다.

독서를 통해 변화된 삶_주인이 되는 삶
미라클카페지기 정효평 독서리대표

나는 나날이 행복한 삶을 살고 있습니다. 오히려 경제적인 여건은 더 나빠졌다고 보는게 맞을 정도로, 책 사는데 비용이 많이 듭니다.

그렇습니다. 나는 독서를 통해 변화된 삶을 행복이란 이름으로 말하고 있습니다. 행복? 행복에 대한 정의를 내려 본 적이 있습니까? 자신만의 행복의 기준이 있습니까?

스물두어살 군대를 전역한 후 복학을 앞둔 몇 개월과 그 후의 몇 개월간 엄청난 다독을 했던 시절이 떠오릅니다. 당시 좋아했던 이문열의 소설(제법 두꺼운 국어사전을 끼고 읽어야 하는 재미 때문에)은 전부 읽으면서 조정래와 김진명의 장편 소설들, 삼국지 등을 읽었던 것 같습니다. 그게 다였던 것 같습니다. 졸업을 앞둔 가을에 취직을 했고, 몇 년 일하다 결혼을 했고 이듬해 초가을에 첫 아이를 낳고 삼년 터울로 두 명의 아들을 더 낳았어요.

딱 십년이 걸렸습니다. 삼형제를 갖기까지. 그 십년의 세월은 그냥 일하고 자고 일하고 자는 무미건조했던 세월이었어요. 물론 가족들과 행복한 시간을 보내기도 했었죠. 지금의 행복과 비교조차 할 수 없겠지만.

평생의 직장과 직업으로 생각했고 기술사 자격증이나 따고 조금 더 늦어서까지 일할 수 있는 기회에 대한 노력에만 집중했으며, 대부분의 직장인 혹은 사업자, 가장과 마찬가지로 노후에 대한 대비로 연금이네 종신보험이네 그런 거 받고 살 수 있는 미래를 계획하면서도 나름 '불확실한 미래의 행복을 위해 현재의 행복을 담보로 잡고 희생하지 말자'는 개떡 같은 철학도 있었어요. 하지만, 시간이 지나면서 끝이 안보이고 점점 더 짧아지는 직업군의 수명과 경제난, 취업난 등이 하루가 멀다 하고 새로운 방식으로 숨통을 조여 왔어요. 그러면서 직장 동료들 입에서 나오는 말들이 '답이 없다'와 '로또밖에 답이 없다' 뿐이었죠.

지금 책을 읽고 있는 저는 그렇지 않지만 여전히 그들은 그렇게 힘겹게 살아 내고 있습니다. 그들의 공통점은 책을 읽을 시간이 없다는 겁니다. 다 아시죠? 책을 읽지 않기 때문에 시간이 없다는 것을!!
쫓기듯 서울에서 부산으로 내려와 다시 취직을 했고 안팎으로 힘든 시간을 겪으면서 답 없는 생활을 계속하고 살았습니다. 불평과 불만만을 내뱉고 힘겨워 하는 사람들 틈에 싸여서 저도 물론 그런 사람들 중 하나일 뿐이였던 세월을 보냈습니다.

그러다 2015년 7월경 여동생이 책 한권을 추천해 줬습니다. 사준 것도 아니고 그냥 추천해줬습니다. 제 인생의 터닝 포인트가 되었던 책을 만나게 됩니다.

책을 읽으면서 가슴과 머리에 동시에 강렬한 울림, 책은 사람마다 느낌이 다르다는 걸 그때 알았던 게 동생은 저처럼 감흥이 거세진 않았다네요.

그리고 부산의 독서모임 미라클을 만나게 되었습니다. 책을 읽고 8월 중순경이었는데, 그 때는 인문고전 봉사 모임이 가장 빠른 참석 기회였었죠. 소심하고 소극적인 저로서는 뭔가 첫걸음이 어려웠었던 것 같아요.

그해 9월에 4개월 과정 격주 모임으로 '습작의 글쓰기 학교'를 개설해서 신청하고 참석하기 시작했습니다. 어색하고 불편했지만 함께 책을 읽고 글을 쓰면서 삶이 점점 더 풍성해지는 걸 느꼈습니다. 17년 넘게 전공도서만 보고 하던 일만 하며 살아오면서 보지 못했던 새로운 세상을 만나기 시작했습니다.

갑자기 달라진 건 아니었어요. 서서히 한 권씩 한 권씩 읽어나가면서 책이 좋아 모인 사람들과 함께 생각을 나누고 토론하기도 하고 사는 얘기도 하면서 다양한 삶과 생각들을 만났던 것 같습니다. 독서습관을 잡기 위해 '리딩플랜' 프로그램을 2개월에 걸쳐 수료하면서 일주일에 두 권씩 읽어내고 전문독서모임 'G리딩'에 참석하면서 자기계발서와 인문학 관련 다양한 책들을 읽고 깊이를 더했던 것 같아요. 함께 책을 읽고 모임에 참석했던 사람들이 자신의 틀을 깨고 새로운 일에 도전하고 서로를 응원하며 성장해 가는 수 많은 일들이 있었습니다.

그러다 2016년 초여름 즈음해서 가슴속에 꿈틀대는 불덩이를 느끼기 시작했었던 것 같아요. 내가 꿈꾸는 삶, 가야할 길, 가슴 뛰는 삶을 위한 도전에 대한 불덩이가요. 그렇지만 꼭 해야겠다거나 돼야겠다는 목표가 금방 생긴 건 아녔어요. 그냥 내가 정했던 나 자신의 한계, 내가 만든 나를 가둔 감옥, 내가 뭘 할 수 있겠냐는 자괴감 같은 것들을 떨쳐낼 수 있었을 뿐이죠. 여튼 불평만하면서 나 자신의 주인이 아닌 누군가의 노예인 채로 살 필요가 없다는 걸 깨달았다고나 할까요?

책 속의 책과, 독서모임에서 추천하는 책들을 닥치는 대로 읽다보니 자연스럽게 다양한 분야의 도서를 읽었습니다. 언어가 안 되는 불편함에 대한 최소한의 위로가 되도록 서양고전은 완역본을 찾아 읽게 되고, 번역본도 출판사의 전통과 역량을 보기도 했습니다. 그러다 우연을 가장한 필연의 기회의 책을 만났고 삶의 방식과 나아갈 방향을 찾았습니다.

그리고 회사에 사직서를 제출하고 2017년 2월에 무직자가 되었습니다. 모든 게 책을 통해서 였습니다. 방향을 찾은 것도, 두려움을 떨쳐내고 안정(?)적인 직장을 그만둔 것도.

책을 읽으면서 예전엔 그냥 지나쳤던 애니메이션 대사 하나조차도 허투루 보지 않게 되었습니다. 사직서를 낼 때 조차도 뚜렷한 목표가 있었던 건 아니었습니다. 하지만 끊임없이 추구하고 찾다보니 계속해서 기회는 주어졌고 여전히 찾아가고 있습니다.

함께 만나고 읽고 생각을 나누면서 부족한 아들, 남편, 아빠로서 나아가 사회의 구성원으로서 어떻게 하면 더 나은 아들, 남편, 아빠가 되고 사회에 공헌하는 구성원이 될 수 있을지 더 선명하게 알아가고 따뜻한 마음을 나눌 수 있는 사람들을, 더 나은 선한 영향력을 주변으로 나아가 사회로 행사하는 많은 사람들을 알게 된 것이 너무나 감사합니다.

비난과 비판, 불평이 늘 함께 했던 나를 떨쳐버리고 매일 매일의 일상에 감사할 줄 아는 사람으로 거듭날 수 있도록 많은 분들이 응원해 주시고 위로해 주시고 도움 주셔서 감사합니다. 우리 가족 모두에게 깊었던 상처들을 더 이상 곪지 않도록, 서서히 치유될 수 있도록 여러 분들의 도움을 받게 된 것도 책을 통한 것이라 감히 말할 수 있습니다.

그냥 '읽기만 하는 바보'말고 좋은 책을 읽고 작으나마 실천할 수 있는 삶을 살고 싶습니다. 책을 통해 엄청나게 변할 수 있는 삶을, 더 이상 다른 사람의 생각대로 사는 삶이 아닌, 자신의 생각대로 사는 삶을 만나실 수 있기를 바랍니다.

독서를 통해 변화된 삶_고맙다, 카카오톡 프로필 사진아!

박경란 (부산시공무원)

독서모임을 시작한 계기 - 카카오톡 프로필 사진

우연히 대학교 친구와 재회하였다. 친구를 카카오톡에 추가하는데, 프로필사진이 좀 특이했다. 사진 속에서 '미라클팩토리'라는 게 눈에 띄었다. 보통 여행지나 맛있는 음식을 먹는 모습을 메인 사진으로 하던데, '미라클팩토리' 사진을 보니 참 이상했다.

궁금증을 참지 못해 네이버로 검색하니 독서모임의 이름이었다. 매주 토요일 아침 7시에 모이는 것도 있고, 독서모임이 여러 차례 열렸다. 자기계발 스터디에, 작가님들을 초청한 강연회에 매주 올라오는 정보들을 보면서 굉장히 활발한 모임이라는 것을 알 수 있었다.

'나도 한 번 가볼까?'라는 생각에 토요일 아침 7시 모임을 참여하게 되었다. 지하철로 40분이 소요되는 거리, 새벽 5시에 일어나야 하는데 덜컥 겁부터 났다. 나는 아침잠 많은 '슬리피'라는 별명을 가진 사람이기 때문이었다. 이렇게 고민하던 시절이 있었는데 어느새 나도 카카오톡 프로필 사진을 미라클팩토리 독서모임으로 바꾸게 되었다.

가끔 가족이나 친구가 내 사진에 대해서 물어보면 침이 마르도록 칭찬한 다음 같이 가자고 열심히 권유한다. 심지어 이런 내 열성에 못 이겨서 실제로 독서모임에 참여하는 사람도 몇 명이 된다. 왜 나는 이렇게 독서와 독서모임의 팬이 되고 말았을까?

독서(독서모임)의 좋은 점 1. 독서모임으로 잊혀졌던 꿈을 다시 생각할 수 있다.

미국에서 교환학생으로 공부하던 시절에 '국제 교류 활동과 통일된 부강한 나라를 위해 공직자로서, 시민으로서 기여하고 싶다'라는 꿈이 생겼고 진로를 정했다. 3년 동안 취업을 준비하다가 처음으로 직장에 가던 날, 출근길이 가슴이 설레었다. 그러나 시간이 지나고 일상이 되자 그 마음을 까맣게 잊고 있었다.

  하지만 독서모임에서 꿈과 꿈을 이루는 방법에 대한 책(자기계발서)을 많이 다뤘기에, 자연스럽게 독서모임 회원들과도 꿈에 대해 이야기 하게 되었다. 한국의 훌륭한 한의학을 세계에 펼치려는 친구도 있었고, 세계 최고의 명강사가 되고 싶어 하는 오빠, 자신의 사업을 시작하려는 언니 오빠들도 있었다. 자연스럽게 나도 내 꿈에 다가갈 수 있다는 자신감을 가지게 되었다.

독서(독서모임)의 좋은 점 2. 책은 만병통치약이다.
꿈을 이루기 위해 시간이 필요할 때는 시간관리법, 아침에 일찍 일어나는 법에 대한 책을 읽으면 된다. 직장에서 스트레스를 받을 때는 직장 선배들의 노하우가 담긴 책을 읽으면 된다. 불어난 몸무게가 걱정일 때는 식이요법 및 운동에 관한 책을 읽으면 된다. 심심할 때는 웃음과 감동을 주는 문학책을 읽으면 된다. 외국어 공부를 하고 싶을 때는 원서를 읽으면 된다. 매일 똑같은 직종의 사람들만 만나서 다양한 사람을 만나고 싶을 때는 독서모임을 가면 된다. 정말 책과 독서모임은 '아낌없이 주는 나무'임에 틀림없다.

어떻게 기억할까? 마인드맵 독서노트!

이렇게 장점이 가득한 책이지만 하나 문제가 있다. 읽었던 책의 내용이 가물가물, 내 기억력이 오래 못 간다는 것이다. 아낌없이 주는 나무가 있으면 뭐하나, 내가 못 받으면! 내가 직장생활 스트레스로 힘들어할 때 독서모임에서 '삼성은 임원은 어떻게 일하는가(김종원)'라는 책을 추천받았다. 책을 반쯤 읽었을 때 어디서 본 익숙한 내용이라는 생각이 들었다. 알고 보니 2년 전에 읽었던 책이었다. 20년 전에 본 것도 아니고 2년 전에 읽은 책인데 읽었는지 안 읽었는지조차 기억이 안나다니!

    그래서 독서모임 친구에게 도움을 요청했다. 친구는 마인드맵을 사용한 독서 마무리를 가르쳐 주었다. 책의 핵심 단어들로 마인드맵을 만들면 책의 내용을 20분이면 정리할 수 있다. 마인드맵을 그릴 때 책 내용은 물론이고 '나만의 생각'을 가지치기 하면 세상에서 하나밖에 없는 나의 독후감이 된다. 나는 내가 읽었던 책들과 공통점(차이점), 내 삶에 적용시킬 점 부분을 주로 적었다. 마무리로 큰 가지들을 다른 색으로 색칠해주면 색칠놀이처럼 재미도 있고 보기도 좋다. 그리고 일주일, 한두 달 후에 부담 없이 1~2분 훑어보면 책속의 보물을 훨씬 오래 기억할 수 있다.

마치며

독서모임을 알게 되고, 책을 만나게 되고, 책을 오래 간직하는 법도 배워서 난 참 운이 좋다고 생각한다. 나는 이제껏 각종 시험 합격을 위해 많은 모임에 들어 왔다. 지금은 책을 읽고 독서모임 간다고 누군가 상을 주는 것은 아니지만 너무나 큰 행복과 보람을 상으로 받고 있는 것 같다.

에필로그 (기성준 작가)

　내 인생의 주인이신 하나님께 감사드립니다. 주님의 인도하심으로 작가가 되었습니다. 앞으로도 내 삶을 이끌어 주실 것을 믿습니다. 늘 기도로 중보해 주시는 어머니와 아버지, 누나 매형 가족들에게 감사를 전합니다. 또 3번째 책을 집필하면서 국제신도시 큰빛교회로 이끌어 주셨습니다. 신앙의 멘토되신 큰빛교회 최진용 담임목사님께 감사드리며, 큰빛교회 공동체에게 감사를 전합니다.
　사랑하는 아내에게도 감사를 전합니다. 결혼을 하고 남편이 작가가 되면서 이전과 다른 생활을 하게 되었는데도, 늘 변함없는 응원과 아낌없이 사랑을 전해주는 아내에게 감사합니다. 이런 만남을 이어주시고 대학부터 저의 창의적인 활동을 지도해주신 김세광 교수님과 차사부님께 감사드립니다.

　이 책의 주인공인 미라클독서모임 멤버들에게 진심으로 감사드립니다. 매일 기적의 아침으로 카페에서 감사의 글을 나누고, 서로의 꿈을 응원하는 우리는 기적의 공동체입니다. 앞으로도 기적과 같은 일들이 미라클을 통해서 지속적으로 만들어 질 것이라 기대합니다. 곧 책이 출간될 미라클펜슬 안병조 대표님과 리딩리더아카데미 박소윤 원장님과 다른생각연구소 윤상모 대표님, 아배영 이영재 원장님에게도 감사드립니다.

함께 생활하고 있는 미라클팩토리와 수호천사 멤버들에게 감사드립니다. 이정훈 대표이사님을 비롯하여, 이지영 센터장님, 강현아 국장님, 이혜민 선생님, 임성현 삼촌, 하소현 팀장, 박수강에게 감사드립니다. 미라클마크를 만드시는 것에 헌신해 주신 Juwa커피 김우석 대표님에게도 감사드립니다. 미라클카페지기로 헌신해주시는 정효평 독서리대표님과, 기적작가님의 기적을 따르는 권국일, 김혜경, 김부혜, 강미영, 박경란, 박은희, 손민우, 박정미, 최현정, 정윤성, 고명숙(MST), 이남주, 양수일, 유주완, 이수현, 정현수, 박채우 독서가들에게 감사드립니다.

3번째 책을 집필을 하는 동안 작가활동과 강연활동을 하며 엄청난 만남이 이루어졌습니다.

먼저, 결혼 2주년 기념으로 SNS로 기부를 받아 아동센터에 도서관을 세웠습니다. 무려 400만원이 넘는 기부금이 모였습니다. 도움을 주신 김숙진 센터장님과 김경원 형님, 강시라에게 감사드리며 기부로 인연이 되신 모든 분들에게 감사드립니다.

제 인생 멘토로 DID 마스터 송수용 대표님을 만나 엄청난 성장을 경험하였습니다. 덕분에 강연활동의 폭이 넓어졌고, 집필의 깊이도 깊어졌습니다. DID를 통해 만남이 깊어진 변대원 작가님과 임은희 작가님에게도 감사드립니다. 김복순, 박신혜, 서정민, 최병근, 하남수 강사님과 DID 식구들에게 감사를 전합니다. 늘 아낌없이 저를 지도해주시는 황미옥 경찰누님과 차예경 양산시의원누님에게도 감사를 전합니다.

3P자기경영연구소에서 3P코치과정을 25기로 이수하였습니다. 강규형 대표님께 감사드리며, 마스터이신 박상배 본부장님께도 감사드립니다. 3P 덕분에 독서고수들을 직접 만나는 행운을 가졌습니다. 25기 동기들과 바인더의후예팀 금시우, 김상협, 박원민, 정현아 선배님들과 소중한 인연으로 이어진 카페허밍의 조성민 대표님과 안윤성 마스터님께도 감사드립니다. 《느헤미야처럼 경영하라》 저자 문형록 대표님에게도 감사드립니다.

한국기독신문과 인연이 되어 전국 시골교회의 목사님들을 인터뷰하는 칼럼니스트가 되었습니다. 저에게 기회를 주신 신상준 국장님과 최혜진 기자님께 감사드립니다. 칼럼을 통해 인연이 된 의령마산교회 지영주 목사님, 여수복산교회 배동철 목사님, 경북예천 별곡교회 최근수 목사님, 제주꿈의교회 임영모 목사님께 감사드립니다. 방송촬영을 통해서 인연이 된 한국HRD교육방송국의 송소향 팀장님과 사진촬영을 통해 인연이 된 FM스튜디오 작가님에게도 감사를 전합니다.

20대부터 통일의 비전을 가지고 인연이 된 정부기관 통일부와 통일교육원 직원들, 통일교육전문강사님들 통일부 대학생 기자단 5기 동기생들에게 감사드립니다. 덕분에 지금의 저의 모습이 있다는 것을 늘 감사하게 생각합니다. 통일활동으로 인연이 된 김정순 누님과

이지현 선생님, 곽호기와 제주어깨동무학교 권오희 목사님에게도 감사드립니다.

　장대현교회 임창호 목사님과 성도님들, 장대현학교 선생님들, 학생들에게도 감사를 전합니다. 대학생활을 통해서 인연이 된 문병수 형님과 이현재 형님, 이지혜, 하진형, 남소라 후배에게 감사를 전합니다. 또 대학 선배님들이신 유택상, 한동현, 천성민, 배충호, 이정희 형님과 작가를 꿈꾸는 권소은, 김영훈, 안희주, 김지원, 김현규, 조예성 후배들 소중한 인연 조현진 최보영 부부, 신희민 사회복지사에게 감사를 전합니다.

　미라클을 통해서 인연이 된 작가님에게 진심으로 감사드립니다. 도란도자기 이민지 작가님, 《괜찮아 꿈이 있으면 길을 잃지 않아》 백수연 작가님, 《영어두뇌 만들기》 최민석 작가님, 《서툰엄마》 옥복녀 작가님, 《지금 중국주식 천만원이면 10년 후 강남 아파트를 산다》 정순필 작가님, 《영어실력 몰래키워라》 김영익 작가님, 《일독일행 독서법》 유근용 작가님, 《25시간으로 하루를 사는법》 김민주 작가님, 《인생뒤집기공부법》 박혜형 작가님, 《그 아이만의 단 한 사람》 권영애 작가님, 《학력파괴자들》 정선주 작가님, 《신사임당 자녀교육》 양주영 작가님, 《1일 1독》 박지현 작가님, 정승재 작가님, 《인생레시피》 한나(이경채)작가님, 《끝내는엄마vs끝내주는엄마》 김영희 작가님, 《내 안에 잠든 작가의 재능을 깨워라》 안성진 작가님 너무 감사드립니다.

한국퀀텀리딩센터를 통해서 프로강사 활동으로 인연이 된 홍현수 작가님, 임준호 작가님, 이영주 작가님, 권혜령 작가님, 양주영 작가님, 조충근 작가님, 강재훈 작가님, 유복순 작가님, 김성연 작가님, 이경희 작가님, 전아름 작가님에게 감사드립니다.

최근 책세상 서평단 1기를 출범하였습니다. 함께하는 강미경, 고경희, 김성미, 김진모, 김진환, 노국영, 마재영, 박기범, 박진만, 서동희, 서수진, 손유신, 송남순, 안성숙, 양혜진, 조경란, 유미현, 황윤지 작가님들에게 감사를 전합니다.

이 책이 탄생되기까지 기억법과 독서법에 대해서 끊임없는 연구를 함께한 진가록 작가에게 감사를 전합니다. 진가록 작가와는 통일 활동을 통해 인연이 되어 저의 정신적 지주역할로 벌써 7년째 인연이 되었습니다. 류남화 어머니와 진영기 선생님에게도 감사를 전합니다.

〈독서법부터 바꿔라〉를 통해 인연이 된 손영호 소령님께도 감사드립니다. 그리고 책원고가 늦어지는데도 묵묵히 기다려주신 북씽크 출판사 강나루 대표님께도 감사드리며, 제가 책을 깊이 읽게 된 것과 글쓰기에 입문하게 된 것은 모두 김병완 작가님 덕분입니다. 김병완 작가님의 책을 읽고, 작가님의 강연회를 전국으로 따라다니던 시절이 있었습니다. 저를 도제식으로 지도해 주신 작가님께 무한 감사드립니다.

에필로그 (진가록 작가)

가장 먼저 저를 작가로 데뷔할 수 있도록 이끌어 주신 기성준 작가님께 감사드립니다. 7년전 통일활동을 하면서 만나 이제는 대한민국 독서량을 높이는 '꿈'을 함께 꾸는 동료가 되었습니다. 항상 한 발 앞서 길을 열어주고, 같이 가자고 손 내밀어 주셔서 감사합니다.

미라클팩토리를 함께 운영하는 안병조 강사님 감사드립니다. '아이들을 위한 도서관을 짓는다'는 순수한 꿈을 항상 응원합니다.

미라클팩토리 홍보를 담당하는 하소현님 감사드립니다. '사람들을 행복하게 만드는 불꽃을 만들겠다'는 꿈을 가지고 한 걸음씩 걸어가는 모습이 참 아름답습니다.

언제나 미라클팩토리를 위해서 힘써주는 정연제, 박수강님 감사드립니다. 기꺼이 재능을 기부하고, 미라클팩토리에 청년의 '열정'을 불어넣어주셔서 참 힘이 됩니다.

매일 한솥밥을 먹으면서 긍정의 기운을 불어넣어주는 미라클의 수호천사님들 이지영님, 강현아님, 이혜민님, 김성경님 감사드립니다.

미라클팩토리를 방문하시는 모든 분에게 향긋한 커피를 선물하도록 뒷받침해주시는 오피스 바리스타 이정훈 대표님, 더삼촌 임성현 대표님 감사드립니다.

미라클팩토리을 지켜봐주시고, 정체성을 담은 디자인을 해주신

주와커피 김우석 디자이너님 감사드립니다.

미라클 독서모임에 참여하시는 G리딩 식구, 다른생각연구소 윤상모 대표님, 과학자 청년 유주완님, 꿈많은 고딩 이수현님, 쓰리연년생 아버지 정현수님, 성은화님 감사드립니다.

바쁜 월요일 아침을 독서로 시작하는 월요독서모임팀, 강민정님, 권국일님, 김부혜님, 최희선님, 박경란님, 김혜경님, 우지혜님, 조정윤님 감사드립니다.

매일아침 꿈모닝과 감사로 하루를 시작하는 토요독서모임팀, 강기태님, 강미영님, 강은주님, 고명숙님, 김경원님, 김문선님, 김숙진님, 김상명님, 김상민님, 김소선님, 김영욱님, 김은영님, 김준근님, 김혜정님, 박병규님, 박소윤님, 박은희님, 박정미님, 박청민님, 성민지님, 손애라님, 손영규님, 송수복님, 송준용님, 양석원님, 양수일님, 윤선미님, 윤일정님, 이민정님, 이영재님, 이예린님, 징윤석님, 정한겸님, 정효평님, 조은영님, 하명희님, 한희진님, 허지원님, 최현정님 감사드립니다.

3년 전부터 모임을 시작해서 함께해온 리딩플랜 1기~13기 식구들, 엄마독서모임 멤버들, 글쓰기모임 식구들 감사드립니다. 여러분 덕분에 미라클 독서모임이 여기까지 자랐습니다.

미라클을 방문하시고 응원해주시는 작가님들 모두 감사드립니다.

글쓰기가 어려울 때 코칭해주신 이은대 작가님 감사드립니다. 수

영로교회 마하나임 오직예수마을에 감사드립니다. 부족함이 많은 선생님을 믿고 따라주는 성다현님, 이현정님, 진호영님, 이훈님 감사드립니다. 가족같은 우리 열사모 식구 도윤이네, 다물이네, 경목이네, 보미네 감사드립니다.

   진짜 우리 가족들 그리고 할머니 건강하게 제 옆에 계셔서 감사드립니다. 끝으로 아직도 아이같은 딸을 무한 사랑해주시는 부모님, 동생같은 누나를 잘 따라주는 상우에게 감사드립니다. 사랑합니다.

참고문헌

《독서법부터 바꿔라》, 기성준
《글쓰기부터 바꿔라》, 기성준
《책을 읽는 사람만이 손에 넣는 것》, 후지하라 가츠히로
《2배 빨리 2배 많이 야무지게 책읽기》, 릭 오스트로브의
《포토리딩》, 폴 쉴리
《사고의 과정으로서 독서법 가르치기》, 러셀 스타우퍼
《1년 만에 기억력 천재가 된 남자》, 조슈아 포어
《슈퍼 기억력의 비밀》, 에란 카츠
《기억의 마술사》, 도레미
《외우지 않는 기억술》, 가바사와 시온
《마테오리치, 기억의 궁전》, 조너선 D 스펜스
《왜 책을 읽는가》, 샤를 단치
《1시간에 1권 퀀텀독서법》, 김병완
《세인트존스의 고전 100권 공부법》, 조한별
《공부의 달인, 호모 쿵푸스》, 고미숙
《토론하는 교실》, 여미숙
《독서불패》, 김정진
《잠언 시집 —지금 알고 있는 걸 그때도 알았더라면》, 류시화
《메모습관의 힘》, 신정철
《책읽는 교실》, 여미숙
《니체는 나체다》, 유영만
《지금 이 순간》, 하지원
《모모》, 미하일 엔데
《그 아이만의 단 한사람》, 권영애
《뇌를 훔친 소설가》, 석영중
《기적의 기억 교과서, 유즈클락 기억법》, 마크 티글러

《나는 한 번 읽은 책은 절대 잊어버리지 않는다》, 카바사와 시로
《EBS 다큐프라임 기억력의 비밀》, EBS 기억력의 비밀 제작진, 신민섭 김붕년 감수
《기적의 뇌 사용법》, 마크 티글러
《직업으로서의 소설가》, 무라카미 하루키
《처음 만나는 뇌과학 이야기》, 양은우
《최고의 공부법-유대인 하브루타의 비밀》, 전성수
《종이책 읽기를 권함》, 김무곤
《이토록 멋진 문장이라면》, 장석주
《나를 키우는 힘, 평생독서》, 김병완
《토니부잔의 마인드맵북》, 토니부잔
《니체의 위험한 책, 차라투스트라는 이렇게 말했다》, 고병권
《배민다움》, 홍성태
《항상 나를 가로막는 나에게》, 아들러지음, 변지영옮김

참고 영상

EBS 〈공부하는 인간〉 다큐멘터리
〈셜록 시즌3〉 베네딕트 컴버배치 주연의 영국 드라마

ReadingTime

도서명			
저자		출판사	

순번	시작페이지	리딩타임	종료페이지	페이지 총 분량	느낌과 내용
ex)	12p	10분	24p	12p	

ReadingTime

도서명			
저자		출판사	

순번	시작페이지	리딩타임	종료페이지	페이지 총 분량	느낌과 내용

ReadingTime

도서명			
저자		출판사	

순번	시작페이지	리딩타임	종료페이지	페이지 총 분량	느낌과 내용

ReadingTime

도서명	
저자	출판사

순번	시작페이지	리딩타임	종료페이지	페이지 총 분량	느낌과 내용

ReadingTime

도서명				
저자			출판사	

순번	시작페이지	리딩타임	종료페이지	페이지 총 분량	느낌과 내용

기억독서법

1판 1쇄 발행 | 2017년 7월 10일
지은이 | 기성준, 진가록, 미라클독서모임
펴낸곳 | 북씽크
펴낸이 | 강나루
주   소 | 서울시 서초구 명달로24길 46, 3층 302호
전   화 | 070 7808 5465
등록번호 | 제 206-86-53244
ISBN 978-89-87390-08-6 13100
copyright©기성준, 진가록, 미라클독서모임
잘못 만들어진 책은 구입처에서 교환해 드립니다.